JVJOL & GAUDÍ

Josep Mª Jujol junior

© Triangle Postals SL
Sant Lluís, Menorca
Tel. +34 971 150 451
triangle@triangle.cat
www.triangle.cat

Texto / Text:
© Josep Mª Jujol junior
Fotografías / Photography:
© Pere Vivas / Ricard Pla
© Casa Batlló / Pere Vivas, p. 35, 40
—
© Arxiu Gràfic de la Càtedra Gaudí, p. 67
© Arxiv Jvjol, p. 4, 8, 14, 20, 24, 27, 28, 29, 43, 46, 47, 49, 56, 59a, 68, 71, 96, 103, 105, 107, 109b, 113ac, 116b, 117b, 118bc, 120
© Basílica de la Sagrada Família, p. 26
© Col·legi d'Arquitectes de Catalunya, p. 25, 36
© Colección privada Juan-José Lahuerta, p. 6, 42, 50
© Institut Amatller d'Art Hispànic, p. 41

—
Diseño / Design :
Joan Barjau
Traducción / Translation:
Mark Waudby

—
Impresión / Printed by:
Gráficas San Sadurní
Impreso en / Printed in Barcelona
2-2019
Depósito legal / Registration number:
Me 30-2019
ISBN: 978-84-8478-836-2

Agradecimientos / Acknowledgements:
Ajuntament de Barcelona.
Departament de Patrimoni Arquitectònic, Històric i Artístic.
Anna Ribas, Carme Hosta
Ateneu Barcelonès
Capítol de la Catedral de Mallorca
Casa Batlló
Casa Bofarull
Consorci de la Colònia Güell
Fundació Catalunya La Pedrera.
Silvia Vilarroya, Marga Viza
Juan-José Lahuerta
Junta Constructora del Temple Expiatori de la Sagrada Família
Palau de la Música Catalana. Orfeó Català

índice

Dibujo de Ràfols Fontanals

Prólogo

Todos los movimientos creados a finales del siglo XIX por los jóvenes arquitectos europeos para huir del estéril eclecticismo reinante en el continente derivan de una manera u otra del Arts and Crafts, un ambiguo movimiento inglés de matriz medievalista —progresista y retrógrado a la vez—, aparecido a mediados de dicho siglo. Sus novedosos conceptos sobre el diseño y la arquitectura doméstica —la casa es como una obra de arte donde todo está especialmente creado para ella por su arquitecto— influyeron en gran manera, aunque sin el tinte medievalista de origen, en todas las propuestas innovadoras que aparecieron en los países más inquietos y activos de Europa. Así ocurrió con el Art Nouveau belga y francés, el Jugendstil alemán, la Sezession austríaca, o el Liberty italiano.

En Barcelona, una ciudad de un país del sur europeo históricamente alejado de los debates arquitectónicos del continente pero una ciudad ávida en cambio de participar en ellos, las cosas fueron más complejas.

Si nos centramos en la arquitectura hay que recordar que hasta 1875 Barcelona no contó con una Escuela dedicada a ella y por lo tanto no dispuso hasta dicha fecha de un instrumento indispensable para crear un ambiente profesional de un cierto peso específico. Su primer director, Elies Rogent, fue uno de los numerosos seguidores europeos de las teorías del arquitecto francés Viollet-le-Duc y el responsable de la deriva «violletista» que iba a dominar en esta Escuela durante décadas. El goticismo de Viollet-le-Duc casaba muy bien con el medievalismo sentimental que impregnaba la cultura catalanista de la época y se manifestó de forma más o menos velada en la arquitectura de dichas décadas.

Viollet-le-Duc era un defensor de la arquitectura gótica aunque desde un punto de vista formal la considerase totalmente inadecuada para el siglo XIX. Creía sí, en cambio, que de sus principios funcionales y racionales podían extraerse provechosas lecciones aplicables a la arquitectura moderna de su época.

No solo esto. En una época donde la ornamentación arquitectónica era un tema primordial de debate y muchos, como el *Arts and Crafts,* la consideraban casi un sinónimo de la propia arquitectura, Viollet-le-Duc solo la aceptaba subordinada intrínsecamente a ésta. Utilizando un símil gramatical lo resumía diciendo que el cometido de la decoración en la arquitectura era parecido al de los acentos en las palabras.

La influencia de estas teorías aquí esbozadas fue muy relevante en Barcelona y baste decir que la obra más importante de Viollet-le-Duc, el *Dictionnaire raisonné de l'architecture française du XI*[e] *au XVI*[e] *siècle* (1854-1868), se encontraba en la mayoría de las bibliotecas de los arquitectos catalanes y que en la Escuela de Arquitectura constituía una «Biblia» que los alumnos consultaban continuamente. Pero a esta sólida base teórica se le fueron añadiendo paulatinas aportaciones del Arts and Crafts y después del Art Nouveau, e incluso de la lejana Sezession, a medida que dichos movimientos eran conocidos en Barcelona. Esta amalgama de visiones estéticas diversas y a veces antitéticas constituyó la proteica base de la arquitectura modernista apodada así por estar ligada al llamado —de forma harto abusiva pero universalmente aceptada— Modernisme, el destilado catalán de los citados movimientos finiseculares.

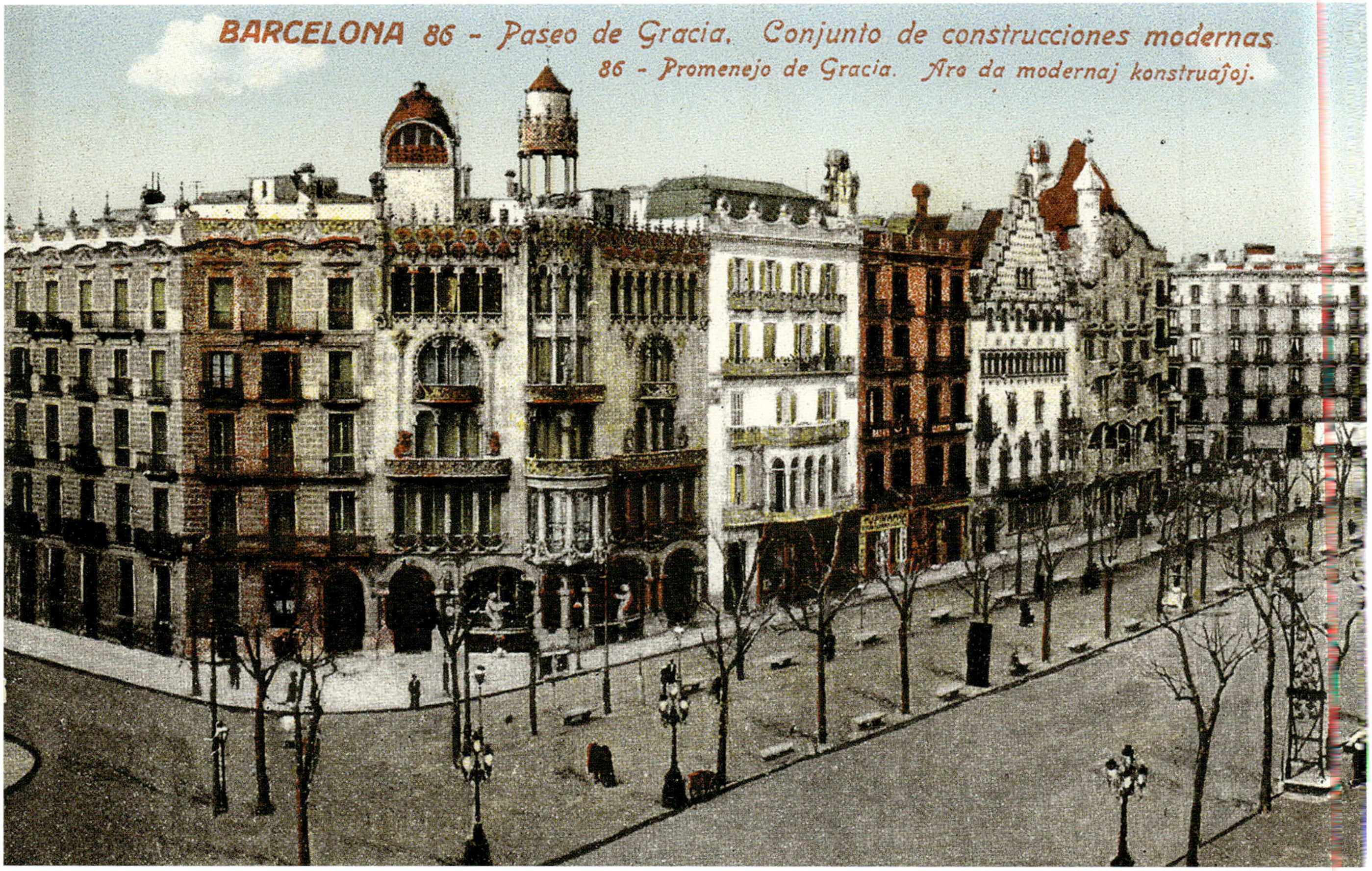

Postal de 1911 del tramo del Passeig de Gràcia conocido como la «manzana de la discordia», porque en él construyeron sus obras los tres mejores arquitectos del Modernismo catalán: Domènech i Montaner (Casa Lleó Morera), Puig i Cadafalch (Casa Amatller) y Gaudí (Casa Batlló).

Dado este peculiar origen, la arquitectura modernista fue especialmente sincrética, cuando no ecléctica, y la de menor bagaje teórico de todas las europeas; también fue la más tardía de ellas y la más longeva.

En el momento de su máximo esplendor, en 1906, Josep M. Jujol terminaba la carrera de arquitecto a sus 27 años. Irrumpía en el mundo profesional barcelonés que entonces gravitaba entre la influencia de dos grandes personalidades: Domènech i Montaner y Gaudí. Ambos representaban dos maneras distintas de ver la arquitectura y estaban en el cenit de su fama. También aquel año ambos acababan de empezar dos importantes y casi vecinas casas en el Passeig de Gràcia: la Lleó Morera y la Batlló, respectivamente, que proclamaban sus grandes diferencias estilísticas.

En sus dibujos de estudiante Jujol había empezado a dar tempranas muestras de sus preferencias y se había alineado, aunque de una manera superficial propia de aprendices, con los seguidores de Gaudí. Cuando, finalizados los estudios y tras trabajar con algunos arquitectos ya establecidos, fue presentado a Gaudí por un amigo común, su suerte profesional estuvo echada, ya que de dicho encuentro surgiría una colaboración con el maestro que duraría casi dos décadas.

Naturalmente no voy a insistir sobre dicha colaboración porque de ella trata y con gran detalle Josep Maria Jujol, junior, en las páginas de este libro, pero sí que a modo de presentación, me gustaría esbozar algunas consideraciones sobre la personalidad de su padre y su situación profesional en la interesante y mudable época que le tocó vivir.

Parecería extraño que una personalidad tan abarcadora como la de Gaudí —«No el cansa de fer de geni tot el dia?» (¿No le cansa hacer de genio todo el día?), le espetó una vez Domènech i Montaner— pudiera necesitar colaboradores, pero lo cierto es que siempre los tuvo a lo largo de toda su vida. Si las colaboraciones artísticas que se han dado en la Historia han sido a menudo motivo de controversias entre los estudiosos, las de Gaudí con otros arquitectos presentan también muchos interrogantes: desde la ambigüedad de su categoría —¿habría que considerarlos asociados, colaboradores, ayudantes o simplemente discípulos?—, de sus retribuciones económicas, si las hubo, hasta el nivel de la relación personal de Gaudí con dichos arquitectos, cada vez más jóvenes a medida que avanzaba su edad. O el peor interrogante de todos ellos, ¿hasta qué punto los utilizaba haciendo suyas las propuestas que ocasionalmente pudieran ellos brindarle?

No hay ninguna duda de que Gaudí supo siempre captar colaboradores de talento y se mostró un experto evaluador de las habilidades profesionales de cada uno de ellos. Solo les asignaba parcelas complementarias —nunca intervinieron en el fulcro de su arquitectura— pero sabía escoger las más apropiadas a sus capacidades. No erró con el joven Jujol, un colorista nato, cuando le dio carta blanca en la decoración cromática del Park Güell y pudo comprobar su enorme talento en este terreno.

Nadie que hubiera trabajado con Gaudí podía salir indemne de su influencia, y mientras el *Modernisme* estuvo vigente todos sus colaboradores evidenciaron en su arquitectura personal una huella gaudiniana más o menos profunda.

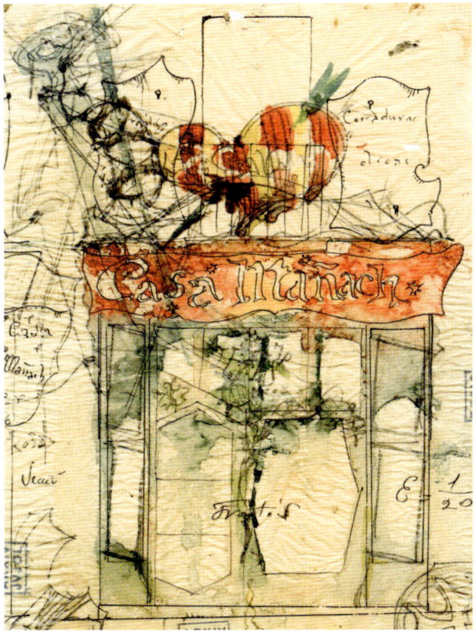

Tienda Mañach (Barcelona, 1911).
Dibujo de la fachada, fotografía del interior y sello.

También sucedió con Jujol pero en su caso ni la ascendencia que podía originar la gran diferencia de edad entre los dos arquitectos, 27 años, ni la poderosa impronta del maestro, ni siquiera el largo tiempo que trabajaron juntos, consiguieron anular la personalidad artística de Jujol que consiguió forjarse un acusado perfil arquitectónico propio. Trabajando a la sombra de Gaudí se descubrió a sí mismo.

Así queda patente en el primerizo encargo de 1911, la pequeña tienda Mañach, hoy desaparecida, donde ya está presente todo su lenguaje arquitectónico: dislocaciones espaciales, grafismos lineales de vibración rococó, una «tormenta cromática» sobre paredes y techos y una intensa atmósfera expresionista cuya potencia siguen transmitiéndonos las fotografías de la época. Es el lenguaje arriesgado que Jujol seguirá explorando a lo largo de su carrera pero que tantas veces frenaría la modestia de los proyectos encargados.

Si mientras trabajaba con Gaudí, Jujol tuvo acceso, aunque fuera por la puerta de atrás, a los maravillosos encargos de la alta burguesía catalana donde no contaban el tiempo ni el dinero, sus trabajos privados dependieron en cambio de una clientela con un nivel económico harto más modesto. La componían en Barcelona algunos pequeños promotores inmobiliarios y algún familiar, y en Tarragona, su ciudad natal, y en su comarca, payeses acomodados, párrocos rurales y pequeñas comunidades religiosas. La ambición y el atrevimiento estético de sus proyectos encajaban mal con los parcos recursos de sus clientes.

Esta frustrante situación profesional es la que le obligó también a compaginar sus trabajos de arquitecto con las labores de docencia en la Escuela de Arquitectura y en la del Trabajo a fin de complementar su economía personal.

Las obras arquitectónicas de Jujol aparecen desperdigadas geográficamente entre Barcelona y Tarragona y la mayoría de veces consisten en pequeñas intervenciones, a veces mínimas, en las que siempre se descubren, no obstante destellos de su talento. En Barcelona, tuvo que aceptar algunos encargos obligadamente comerciales de bajo perfil arquitectónico en los que no obstante consiguió introducir, casi cuando el cliente no miraba, algún rasgo de su personalidad artística. En todas estas obras, un esgrafiado —a menudo realizado por él mismo— una barandilla de hierro, un pavimento o quizás unas paredes pintadas de colores inusuales delatan su huella.

Los limitados recursos de sus clientes también convirtieron a Jujol en un arquitecto de reformas. Contra la idea generalmente establecida de que estos trabajos son en general de escaso interés, conviene puntualizar que en el Modernisme las reformas originaron obras de altísima importancia —la mencionada Casa Batlló, sin ir más lejos— y se convirtieron en la manera habitual de adaptar un viejo edificio a los novedosos parámetros arquitectónicos de aquel momento.

Can Negre (Sant Joan Despí, Barcelona, 1915-1926).
Detalle de los esgrafiados de la fachada.

Las reformas realizadas por Jujol forman parte precisamente de sus mejores obras. La Casa Negre, que convierte una vulgar masía de pueblo en una fantasía rococó de gran lirismo o la Casa Bofarull, que considero su obra maestra, con sus sorprendentes dobles lienzos de fachada y una sofisticada rusticidad fruto del apego de Jujol a su terruño, justifican de sobras esta valoración crítica. Como ocurre en la mayoría de sus obras, ninguna de ellas llegó a concluirse pero destilan el encanto de lo inacabado —como en los cuadros someramente esbozados y nunca terminados de un gran pintor— y el contraste entre las partes existentes y las añadidas hacen aún más patente la gran sensibilidad artística de su autor. Hay una arquitectura que parece destinada a ser únicamente apreciada por los arquitectos, una arquitectura solo para ellos. La de Jujol es, con diferencia, una arquitectura para artistas.

El Modernisme y sus equivalentes europeos eran movimientos transgresores, y debido a este carácter destinados a una corta vida. Su misma intensidad y su esteticismo casi irrespirable producirían un temprano cansancio en una sociedad que estaba a punto de cambiar y cuyas transformaciones el estallido de la Gran Guerra en 1914 iba a precipitar en pocos años.

Cuando en Europa el Art Nouveau ya despertaba burlas y condenas, en Cataluña el Modernisme aún perduró un tiempo —si bien circunscrito a ámbitos cada vez más provincianos— gracias a la extrema popularidad de que había gozado. No tardó mucho en ser denostado también por las nuevas generaciones surgidas de la postguerra europea, que se orientaron, como en el resto de Europa, hacia derroteros estéticos muy distintos.

Alrededor de 1920, el Modernisme había caído en total descrédito y Jujol, como muchos arquitectos jóvenes de la época, tuvo que enfrentarse a un radical cambio de gusto de la sociedad preguntándose qué arquitectura iban a tener que practicar a partir de entonces. Las respuestas de los patriarcas modernistas a este dilema fueron lacónicas. Gaudí, huérfano de nuevos encargos, se dedicó exclusivamente a la Sagrada Familia, una obra *sine die* que le permitía inacabables reflexiones sobre su proyecto. Domènech, a su vez, abandonó las obras en curso del Hospital de Sant Pau en manos de su hijo y se retiró a Canet de Mar dedicándose al estudio de la heráldica medieval. En cambio, Puig i Cadafalch, veinte años más joven que Gaudí y Domènech y en plena edad activa, tuvo que reinventarse y cultivó con éxito una arquitectura de influencia secesionista vigorizada con motivos extraídos del barroco catalán.

Los arquitectos jóvenes más inquietos empezaron a mirar entonces a Italia y fueron reconduciendo la arquitectura local hacia parámetros vagamente clásicos, a veces de aire florentino y otros de aire popular catalán convenientemente estilizado. Aparece una arquitectura llamada mediterránea —un adjetivo en boga que parecía decirlo todo y nada a la vez— auspiciada por el Noucentisme, el nuevo programa de regeneración cultural de la burguesía catalana de la década de 1920, definido como «una revolución tradicional» por su principal ideólogo, Eugeni d'Ors.

Casa Bofarull (Els Pallaresos, Tarragona, 1914-1931).

A diferencia de sus contemporáneos, Jujol no cambió su arquitectura —porque no pudo o porque no quiso renunciar a su estilo personal— y continuó cultivándola con una clientela cada vez más esquiva. En los últimos años de su vida, en la postguerra civil, ésta acabó reduciéndose prácticamente a la religiosa, un mundo conservador reacio a la modernidad y donde sus trabajos, de un goticismo jujoliano más contenido, tuvieron aún aceptación.

Por mucho que pudiera creerse que aquellos que continuaron en la senda del Modernisme habitaban un mundo cerrado e impermeable a la actualidad arquitectónica del momento, su ensimismamiento estético no suponía tampoco ignorancia. Aunque en las antípodas de sus ideas, Gaudí tenía noticia de Le Corbusier —«aquest home té mentalitat de fuster» (este hombre tiene mentalidad de carpintero)—, puesto que la información sobre la actividad arquitectónica europea seguía llegando puntualmente a Barcelona servida por las cada vez más abundantes revistas profesionales. Ello explica que en la arquitectura de Jujol de la década de 1920, aunque mantenga incólume su arriesgado credo estético, encontremos algunos reflejos de lo que sucedía en Europa que no pueden atribuirse a meras casualidades.

La voluntad clasificatoria que desde el siglo XVIII ha dominado la Historia del Arte, y por ende la de la Arquitectura, se encuentra a veces impotente ante artistas que desafían una fácil ubicación. Uno de ellos es sin duda Jujol cuya excentricidad con respecto al canon modernista lo llevará al ostracismo crítico y al consecuente olvido.

Cuando en Europa en los años 50 del siglo pasado empezaron a rehabilitarse todos los movimientos artísticos finiseculares y se «descubrió» a Gaudí, no le favoreció demasiado ser conocido como su colaborador. Sus intervenciones fueron muy elogiadas, hasta el punto a veces de creerlas obra original del maestro, pero solo sirvieron para desdibujar su arquitectura y considerarla un mero apéndice gaudiniano. Tampoco ayudó la dispersión física de sus pequeñas-grandes obras ni su fragilidad material, que aunque forme parte de su encanto, contribuyó no poco al deterioro físico que presentaban en la época citada. Por todo ello Jujol tardó en ser reconocido como un gran arquitecto, un calificativo que hoy nadie se atreve a discutir y del cual este libro presenta una convincente prueba.

David Ferrer, *arquitecto*

Proyecto de fin de carrera (1905)
de un establecimiento de baños termales.

Introducción

La colaboración artística de Antoni Gaudí (1852-1926) y Josep Maria Jujol (1879-1949) ha ofrecido a la historia universal del arte en general y de la arquitectura en particular algunas de las obras más singulares y revolucionarias de principios del siglo XX, y así lo ha reconocido la UNESCO al declararlas Patrimonio Mundial. Es el caso del Park Güell, La Pedrera o la Casa Batlló, entre otras.

La complicidad que mostraron en sus colaboraciones, a pesar de que Gaudí era casi treinta años mayor, se debe sin duda a la admiración y respeto mutuos por las obras respectivas. Pero además debió existir una gran sintonía no solo en lo artístico sino también de ideas y opiniones en ámbitos relativos a la vida en general y a las creencias religiosas en particular.

Quizás, también, una biografía paralela ayudara, y mucho, en su relación personal: ambos eran hijos del Camp de Tarragona, una de las regiones históricas mejor delimitadas de Cataluña (Gaudí nació en Riudoms, Jujol, en Tarragona), de donde a ambos les viene su pasión por los espacios abiertos y la naturaleza; los dos se trasladan muy pronto (Jujol de niño y Gaudí de joven) a Barcelona, donde estudian arquitectura y viven una época de exaltación de los valores católicos y catalanistas; ambos, en su juventud, dedicaron tiempo de su formación al estudio de la arquitectura medieval catalana, símbolo de un pasado glorioso y perdido que el movimiento cultural y político de la Renaixença puso en valor; y los dos colaboraron, por sus aptitudes excepcionales y antes de acabar la carrera, en estudios de arquitectos consagrados; Gaudí con Josep Fontseré y Jujol con Antoni Maria Gallissà. Así pues, cuando se conocieron por mediación de un amigo común, el doctor Pere Santaló, quien llevó a Gaudí a ver el trabajo que por entonces realizaba Jujol en el edificio del Ateneu Barcelonès, debió ser fácil que congeniaran y que Gaudí lo incorporara a su equipo de colaboradores.

La formación arquitectónica de Jujol se realizó en la Escuela Superior de Arquitectura de Barcelona, entre 1900 y 1905. Durante los estudios se puso de manifiesto su facilidad en el dibujo, su creatividad y el dominio y valentía en el uso del color. «La cualidad que todos admirábamos más en él, era su memoria, que retenía todo cuanto había visto, por mucho tiempo que hiciera, y también su facilidad para el dibujo», según su compañero Pericas[1].

En el primer curso de carrera (1901-1902), en la asignatura de *Dibujo de Conjuntos* obtuvo sobresaliente con el profesor Vilaseca[2]; aquel mismo curso, con el profesor Jaime Bayó[3], también sobresaliente en la asignatura *Resistencia de Materiales*. Y con el profesor Gallissà[4], en la asignatura *Conocimiento de Materiales* alcanzó la calificación de notable.

Desde el curso preparatorio, Jujol iba adquiriendo fama de excelente dibujante y colorista, y su comportamiento serio y respetuoso con los compañeros, y sobre todo con el profesorado, le valieron que el profesor Gallissà le ofreciera trabajar en su estudio, lo que Jujol aceptó en seguida. Allí complementó el proyecto de ornamentación para las fiestas de la Mercè, la fiesta mayor de Barcelona, de la calle Fernando, la más señorial y comercial de aquella época, además de diseñar con absoluta libertad los esgrafiados, que se conservan en perfecto estado, para la Casa Llopis, que por aquel entonces su maestro estaba construyendo[5]. Desgraciadamente, el 17 de abril de 1903 moría Gallissà, el arquitecto que de modo práctico lo había introducido en el mundo de la construcción y del arte. A continuación, el arquitecto Font[6], amigo íntimo de Gallissà, conocedor de las cualidades del joven ayudante de su amigo, lo incorporó a su estudio, en el momento en que el Ateneu Barcelonès había adquirido (1903) la señorial casa de los Sabassona con el fin de convertirla en sede de la entidad[7]. Estas obras supervisadas por Font fueron mayoritariamente proyectadas y totalmente dirigidas por Jujol, entonces fue cuando entró en contacto con Gaudí y comenzó a trabajar con él.

El objetivo de este libro es poner en valor las intervenciones decisivas de Jujol en las obras de Gaudí, ya que muchas de ellas, tras la muerte del maestro, en 1926, permanecieron olvidadas o fueron minimizadas hasta más allá de 1950, cuando aparecen los primeros estudios de auténticos especialistas en el legado gaudiniano, que además recogen los testimonios de coetáneos de ambos arquitectos sobre su relación personal y profesional. Y aún hoy en día siguen apareciendo ensayos y monografías que clarifican el papel esencial que tuvo Jujol en determinados aspectos de los proyectos de Gaudí.

Esto lo iremos comprobando a lo largo de los capítulos dedicados a las obras en las que intervinieron ambos arquitectos.

1 Palabras de su compañero de clase, Josep Maria Pericas i Morros (1881-1965). Conversación con el autor en febrero de 1965.

2 Josep Vilaseca i Casanovas (1848-1910). Autor de edificios ecléctico-modernistas.

3 Jaume Bayó i Font (1873-1961). Arquitecto y hermano del contratista de Casa Batlló.

4 Antoni Maria Gallissà i Soqué (1861-1903). Autor de edificios premodernistas.

5 Casa Llopis; València, 339 – Bailén 113. Barcelona. Se conservan en perfecto estado.

6 Josep Font i Gumà (1859-1922). Gran coleccionista y estudioso de la cerámica antigua.

7 El Palacio Savassona, entonces propiedad de Julio M. Parellada, está situado en la calle Canuda, 6. Declarado Monumento Histórico Artístico Nacional por Real Decreto 476/1981; y la biblioteca, hoy llamada «Jujol», está incluida en el Catálogo del Patrimonio del Ayuntamiento de Barcelona, Categoría A.

Palau Sabassona. Reforma para el Ateneu Barcelonès (Barcelona, 1904-1906).
La biblioteca, actualmente, lleva el nombre de Jujol.

Casa Llopis i Bofill (Barcelona, 1902-1903). Obra del arquitecto Antoni M. Gallissà, quien dejó en manos de Jujol, por entonces aún en la etapa de estudiante, el diseño de los esgrafiados de la fachada.

Dibujos de la Sagrada Familia realizados por Jujol en su etapa de estudiante de arquitectura

Mutua admiración

El joven Jujol, cuando tenía 20 años y estaba iniciando los estudios en la Escuela Superior de Arquitectura, empezó a sentir curiosidad por Gaudí, posiblemente en 1899. Es en ese año que encontramos entre sus anotaciones unos meticulosos dibujos del confesionario y el púlpito de la cripta del Templo de la Sagrada Familia, fechados y firmados. En uno de ellos indica: «domingo de Pascua».

En 1902 se desplazó hasta el barrio de Les Corts y dibujó una de las entradas a la finca agrícola de los Güell. Plasmó la puerta y un mojón con la G característica del propietario.

La curiosidad se convirtió en admiración. En 1903, encontramos un dibujo donde leemos en el margen «de casa mateix», es decir, dibujado en su casa al regreso de la visita, y en él vemos elementos del ábside del futuro gran Templo, plasmados con una exacta fidelidad. También de ese año son un esbozo de la Torre Bellesguard y un interesante dibujo del Templo de la Sagrada Familia desde el camino de *La Bohemia*[1], con construcciones industriales en primer término. El joven Jujol es detallista, y en el margen del dibujo indica que los pilares de un cobertizo están inclinados y aclara lo que dice un visible cartel: «no se permite la entrada».

Seguirán luego dibujos del año 1905, cuando Jujol, aún estudiante, ya está trabajando con Gaudí.

Por otra parte, algo poderoso debió llamar la atención de Gaudí sobre el joven Jujol, primero para admitirlo como colaborador, y luego para que ya desde el principio le hiciese responsable de encargos impropios de un «principiante», como veremos en los próximos capítulos.

Gaudí supo rodearse de colaboradores que entendían y aceptaban sus ideas, y algunos fueron muy importantes para él. Como Francesc Berenguer, de quien a su relativamente temprana defunción, tenía 47 años, Gaudí afirmó que había muerto su mano derecha. Pero con Jujol había una conexión más profunda: cuando el prelado Vidal i Barraquer visitó las obras de la Sagrada Familia en 1921 acompañado por Gaudí y Jujol, en cierto momento comentó, dirigiéndose a Jujol: «Usted es discípulo de Gaudí»; a lo que éste terció con rapidez: «Discípulo, no: hermano». No puede haber mayor reconocimiento de la existencia de un vínculo artístico, personal y espiritual de un maestro que llamar «hermano» a su joven discípulo. Y esto solo puede significar que le reconocía un talento que complementaba, y aún más, ampliaba ciertos aspectos que hasta entonces no habían aparecido en la obra gaudiniana.

Según Carlos Flores «(...) Jujol era requerido para trabajos que Gaudí quería que mostrasen la inventiva y la creatividad espontánea (tan diferente de la suya) de su joven colaborador: es esta la diferencia más profunda entre la actuación de Jujol y la de cualquier otro de sus ayudantes». «(...) La asistencia de Jujol supuso, por una parte, la introducción en la obra gaudiniana de componentes que según numerosos testigos directos, el maestro aceptaba y admiraba, incluso con entusiasmo, y que hasta aquel momento, no habían tenido ninguna presencia en su obra»[2].

Pere Joan Llabrés Martorell, canónigo e historiador, hablando de la Catedral de Mallorca, afirma: «(...) La decoración, cobró nuevas perspectivas y fue más arriesgada a partir de la llegada de Jujol. (...) Fue Jujol quien forró de cerámica el fondo de la capilla real alrededor de la Cátedra Episcopal. Fue él quien decoró con pinturas atrevidas la sillería del coro»[3].

La admiración que Gaudí sentía por Jujol se confirma en la completa confianza que depositaba en las habilidades y competencias del joven arquitecto en obras fundamentales del maestro. Así lo vemos en el banco del Park Güell, cuando Gaudí, ante alguna consulta de su colaborador le respondía: «¿No le he dado carta blanca? Pues, adelante, hombre, adelante». Y así lo confirman numerosos testimonios de la época.

Ràfols Fontanals, estudiante de arquitectura entre 1911 y 1916, que además trabajó de delineante en las obras de la Sagrada Familia, describe esta relación de confianza en los trabajos de forja de los balcones de La Pedrera: «Ejemplarísima lección era ver como Jujol acompañaba a Gaudí al taller del forjador Badia, donde los hierros de las puertas y los balcones de la enorme Pedrera se ejecutaban. Llegados al taller, y ante la complacencia de Gaudí, guiaba Jujol el retorcimiento y el enlace de férreas piezas con una contundencia y seguridad pasmosas»[4].

Bergós Massó, por su parte, afirma: «Hizo unos relevantes servicios al maestro en la policromía del Park Güell, Can Batlló y la Seo de Mallorca y atrevidos trabajos de forja en Casa Milà, obras de la etapa innovadora de Gaudí que ningún otro ayudante pudo seguir excepto Jujol»[5].

Y Martinell Brunet, también estudiante de arquitectura entre 1911 y 1916, concluye: «Jujol ya habría hecho lo que hizo, pero Gaudí le daba libertad. Jujol influye sobre Gaudí. ¿Pruebas? Las obras que él le confía. Su estilo es modernista-barroco destacando el color con una espontaneidad poco controlada»[6].

Además de la afinidad en lo artístico que acabamos de leer en los párrafos anteriores, existía un vínculo personal y espiritual sin el que no se puede entender el primero. Cuando Gaudí le encarga a Jujol la coloración de la maqueta de la fachada del Nacimiento que se expondrá nada menos que en el Salón de Bellas Artes de París de 1910, el maestro declaró que Jujol sin unas profundas creencias religiosas, que, evidentemente coincidían con las suyas, no hubiera sido capaz de policromar tal como lo hizo.

Por otra parte, Gaudí siempre incluía a Jujol, además de otros muchos de sus colaboradores, en las celebraciones y actos relacionados con las construcciones de sus obras, como la visita a Montserrat de 1909 para celebrar la cobertura de aguas de La Pedrera (ver p. 24) o las visitas de autoridades, religiosas o profesionales, en sus edificios en curso (ver p. 25). Además de otros actos sociales, como la visita el 29 de junio de 1922 al Orfeó Català, por invitación de Lluís Millet el director de la prestigiosa institución de música coral y amigo de Gaudí (ver p. 101).

Cuando Gaudí enfermó gravemente de fiebres de Malta en 1911 y tuvo que permanecer en Puigcerdà (ver p. 24), una localidad del Pirineo catalán que en aquellos tiempos estaba prácticamente a un día de viaje de Barcelona, Jujol lo visitó en persona, prueba de su estrecha relación personal.

En las páginas que se conservan de los dietarios de Jujol (ver p. 27-29) leemos en catalán numerosas referencias a Gaudí, que confirman su estrecha relación y las creencias y prácticas religiosas que compartían.

En la entrada del 10 de junio de 1926, el día de la muerte de Gaudí, en muy pocas palabras, pueden apreciarse las referencias religiosas de las que participaban ambos. Desde la alusión a los días pasados desde el último Corpus Christi, pasando por el santoral del día, precisamente San Bernabé, a quien estaba dedicado el único campanario de la Sagrada Familia que Gaudí vio en vida, hasta el *miserere nobis* (ruega por nosotros).

Otra práctica religiosa que compartían era el rezo del Santo Rosario. Gaudí lo practicaba a diario y lo representó en la fachada del Nacimiento. En el velatorio del maestro, un lugar y momento donde la concurrencia aprovecha para hablar del muerto y de sus hechos, Jujol actuó de manera coherente con las creencias que ambos arquitectos compartían. Dejemos que sea Martinell quien lo relate: «Por la noche volví para velarle. La concurrencia era menos numerosa que el día anterior. Entre los presentes recuerdo a los arquitectos Bayó y Jujol; éste propuso rezar por el alma del difunto y rezamos el rosario»[7].

Finalmente, y aunque Gaudí en su testamento dejó la mayor parte de sus pocas pertenencias para la continuación de las obras de la Sagrada Familia, no se olvidó de su fiel amigo y colaborador. Así queda escrito en la entrada de su diario de 26 de agosto de 1926.

En este capítulo, creemos haber demostrado el respeto y admiración mutuos entre Gaudí y Jujol y la comunión de creencias compartida por ambos arquitectos. En los próximos capítulos veremos la importante y decisiva participación de Jujol en la obra de Gaudí. En este sentido no podemos olvidar las palabras de uno de los mayores y trascendentes artistas de vanguardia del siglo xx, Antoni Tàpies: «La historia ha debido de rehacerse y ha ido situando a Jujol en su justo valor, pues es seguro que los aspectos pictóricos y escultóricos más interesantes, precisamente gaudinianos han creado más escuela con las nuevas tendencias de la vanguardia actual (el collage, el ensamblaje, las composiciones cerámicas, el hierro forjado, el uso de materiales pobres, la gran invención de formas abstractas ornamentales...) en gran parte se deben a la mano de aquel genial colaborador que tuvo Gaudí: Jujol»[8].

1 *La Bohemia* era una fábrica de cerveza inaugurada a principios del siglo xx, en la calle Rosselló del barrio del Camp de l'Arpa, que más tarde, en 1910 adoptaría el nombre de *Damm*, por el qual aún hoy se la conoce.

2 Flores López, Carlos. *Les lliçons de Gaudí*. Barcelona: Empúries, 2002.

3 Pere Joan Llabrés Martorell, canónigo. Conversación con el autor sobre un texto que preparaba. Palma, 2002.

4 Ràfols i Fontanals, Josep Francesc. «Jujol», en *Cuadernos de Arquitectura*, núm. 13, 3er trimestre. Barcelona: COAC, 1950.

5 Bergós i Massó, Joan. *L'art català contemporani*. Barcelona: Proa-Aymà, 1972.

6 Cèsar Martinell i Brunet (1888-1973), arquitecto-historiador. Conversación con el autor en 1966.

7 Martinell i Brunet, Cèsar. *Gaudí y la Sagrada Familia*. Barcelona: Aymà, 1951.

8 Tàpies i Puig, Antoni. «Gaudí en Japón», en *La Vanguardia*. Barcelona, 6 de junio de 1989.

Excursión a Montserrat

1909

Para celebrar la cobertura de aguas de Casa Milà, el propietario Pedro Milà y Camps organizó una visita a Montserrat.

Se hizo el día 13 de junio de 1909, precisamente por ser el día de San Antonio de Padua, patrón de los arquitectos y albañiles.

Será Ràfols Fontanals quien nos hablará de este hecho, en una carta que envió a Puig Boada el 23 de junio en la que dice que la excursión fue de primera. En el tren tenían reservados dos vagones ya que eran más de cien personas: albañiles, yeseros, cerrajeros, pintores y arquitectos.

Además de Gaudí encontramos a Jujol junto con Rubió, Bayó, Sugrañes, Canaleta, Bernardino Martorell y el comentarista Ràfols Fontanals, que aún era estudiante.

Asistieron a Misa con sermón celebrado por el padre Ignacio Casanovas, S.J. que formaba parte del grupo, veneraron la imagen de la Virgen en el camarín y comieron de campo en el camino a San Juan, comida preparada por un establecimiento de Barcelona y distribuida en bolsas individuales. Por la tarde rezaron tres avemarías para despedirse de la Virgen y retornaron con el tren a Barcelona.

Visita a Gaudí

1911

El mes de junio, Gaudí enfermó de las fiebres de Malta y se trasladó a Puigcerdá con su amigo y médico Pere Santaló. Jujol le fue a visitar acompañado de su amigo Pere Mañach y aprovecharon el viaje para recorrer la villa. Antes de retornar a Barcelona, desde Ribas de Freser subieron a pie al Santuario de Nuria (hay que recordar que no tendría tren-cremallera hasta 1931).

Dibujo de la villa de Puigcerdà que Jujol realizó en 1911, cuando visitó a un convaleciente Gaudí.

Visita corporativa al Templo

1915

El día 21 de marzo de 1915, la Asociación de Arquitectos de Cataluña, visitó las obras del Templo de la Sagrada Familia bajo la guía de Gaudí. Fueron 37 los arquitectos que disfrutaron de las documentadas explicaciones de Gaudí sobre el terreno. Entre el numeroso grupo se encontraba el fiel colaborador Jujol.

Según consta en el *Anuario de la Asociación de Arquitectos de Cataluña* de 1916: «(...) el señor Gaudí nos mostró los principales estudios estáticos del templo, y nos contó con la convicción y claridad de concepto de un fervoroso místico, los temas litúrgicos que inspiraban la composición del maravilloso conjunto».

Gaudí en el centro de la foto, mirando al suelo.
Jujol está en primer término, con las manos en los bolsillos.

Muerte de Gaudí

1926

El 10 de junio de 1926 muere en el antiguo Hospital de la Santa Cruz, Antonio Gaudí i Cornet, después de haber sido atropellado por un tranvía cuatro días antes.

En las hojas de firmas —que se conservan en el Archivo Diocesano de Barcelona— expuestas al público para expresar el duelo, encontramos la de Jujol en la hoja número 36, además de las de sus hermanas.

15 de junio de 1926. La comitiva del entierro de Gaudí llega al templo de la Sagrada Familia.

Dietario de Jujol

Portada de 1921.

–

Destaca sobre el año la cruz que cristianiza su dietario. Se conservan algunas páginas de agendas personales de Jujol que proporcionan datos de interés relacionados con Gaudí y ofrecen hermosas muestras de su caligrafía y dibujos en unas páginas sin ningún destino comercial, sino estrictamente personales.

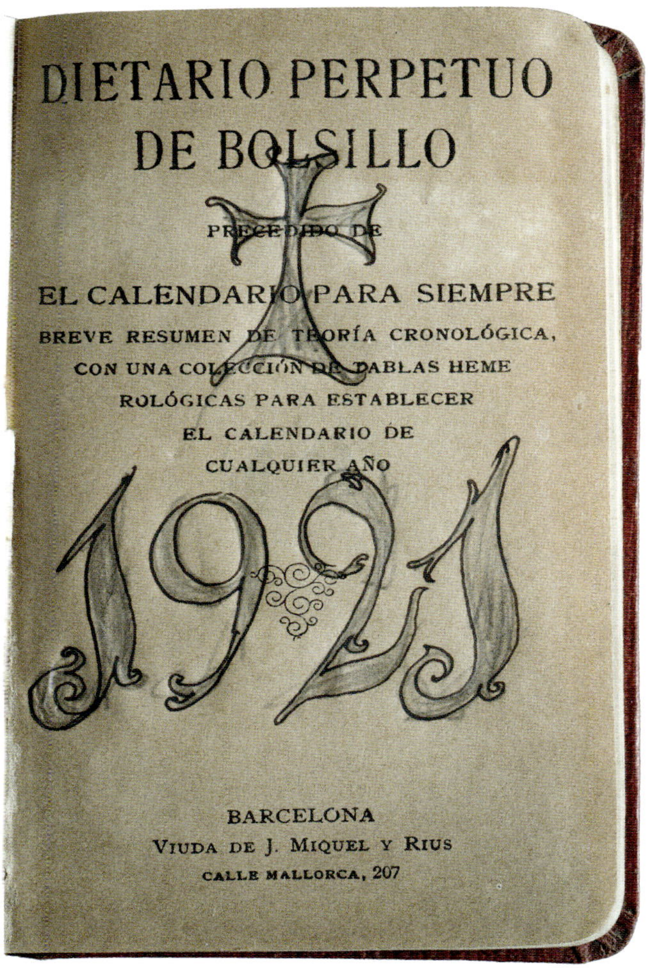

1921, sábado 17 de diciembre.

–

«Del templo (escudos) 300 ptes.».
Sin ninguna duda, es la paga por la confección de algunos de los escudos correspondientes a visitantes ilustres que adornaban la cripta.

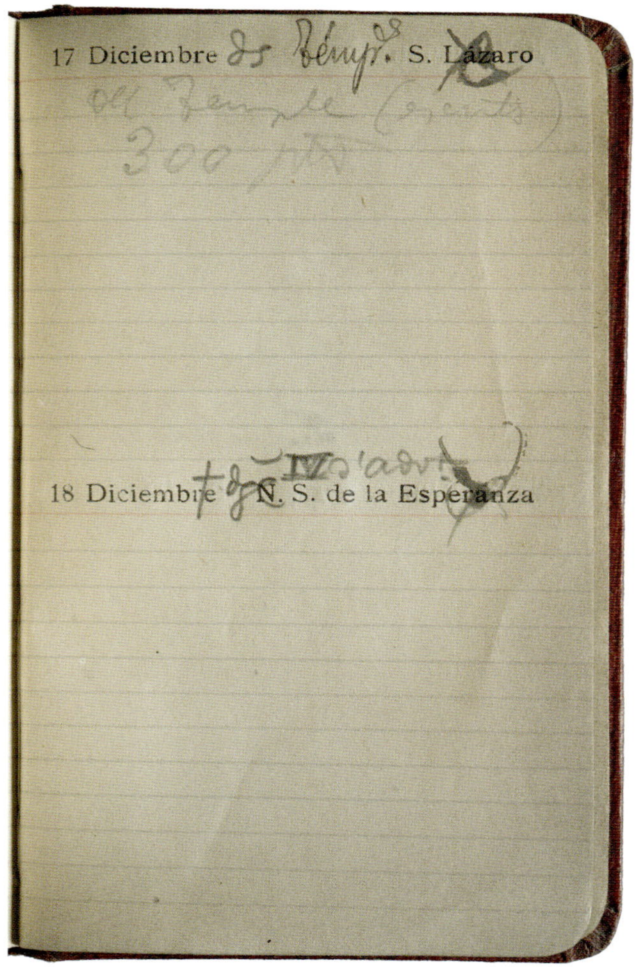

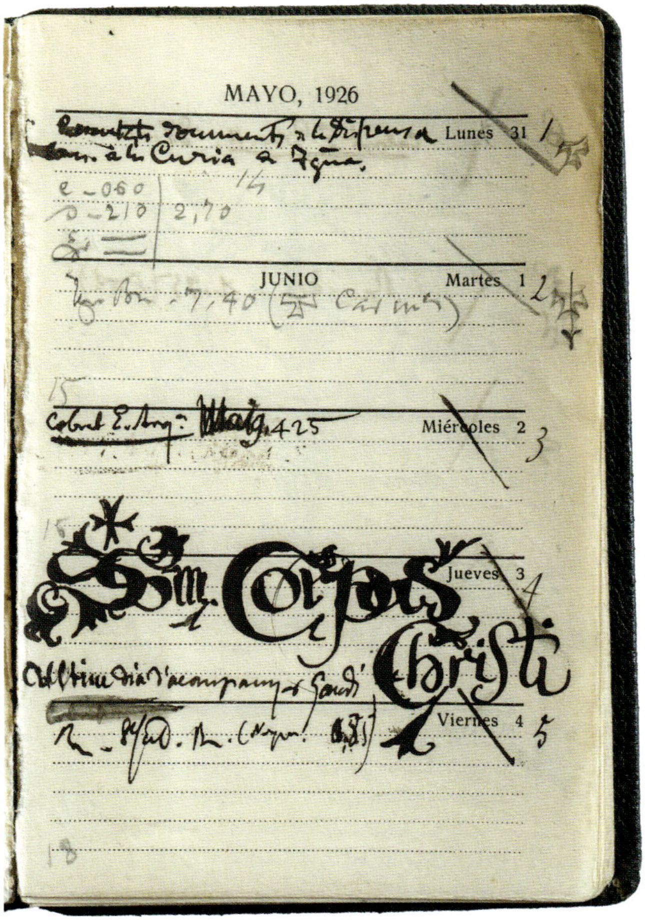

1926, jueves 3 de mayo.

—

«Santísimo Corpus Christi», y en la misma entrada, tras la muerte del maestro, añade: «último día de acompañar a Gaudí», ya que era habitual que Jujol acompañara al arquitecto al Templo de la Sagrada Familia tras compartir alguna actividad religiosa o profesional.

La procesión del Corpus a la que asistían era la de la Catedral. Sería interesante conocer las conversaciones que mantenían en sus trayectos al Templo.

1926, jueves 10 de junio.

—

«Octava Santisimo Corpus Christi. A las 5 y ¼ de la tarde muere Gaudí R.I.P. San Bernabé Apóstol (campanario) misserere nobis».

Precisamente, el único campanario que vio acabado Gaudí fue el de San Bernabé y murió en el día del santo.

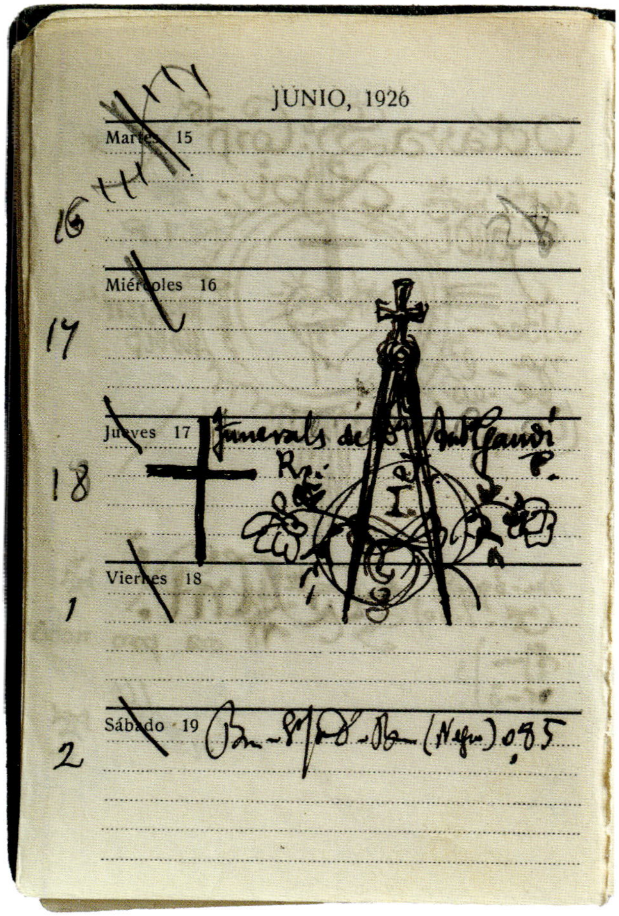

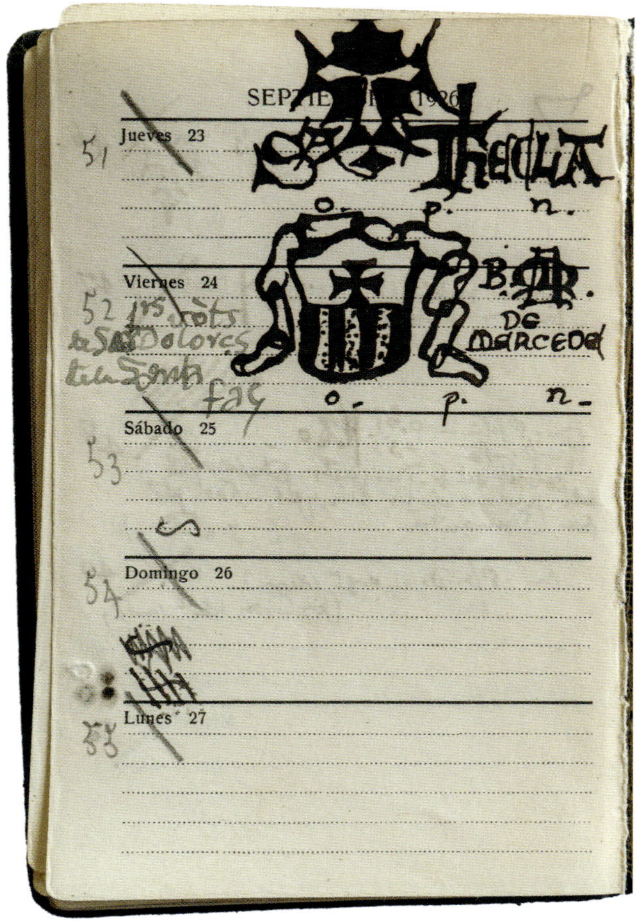

1926, jueves 17 de junio.

—

«Funerales de Don Antoni Gaudí. R.I.P.»

Según La Veu de Catalunya, de 17 de junio de 1926: «Cada media hora, desde las seis hasta las doce ha habido misas en el templo expiatorio de la Sagrada Familia que él amorosamente levantó». A una de estas misas asistió Jujol, quizás al funeral solemne celebrado a las diez.

1926, viernes 20 de agosto.

—

«Recibido de Mossen Parès el legado de Don Antoni Gaudí. 2.000 ptes. R.I.P.».

Mossen Parès era el capellán del templo y albacea de Gaudí. Jujol, en familia, lo recordó así, y no como quienes quieren atribuirlo a unos dineros pendientes de cobro por unos trabajos, que eso no sería *manda* y no constaría de forma testamentaria.

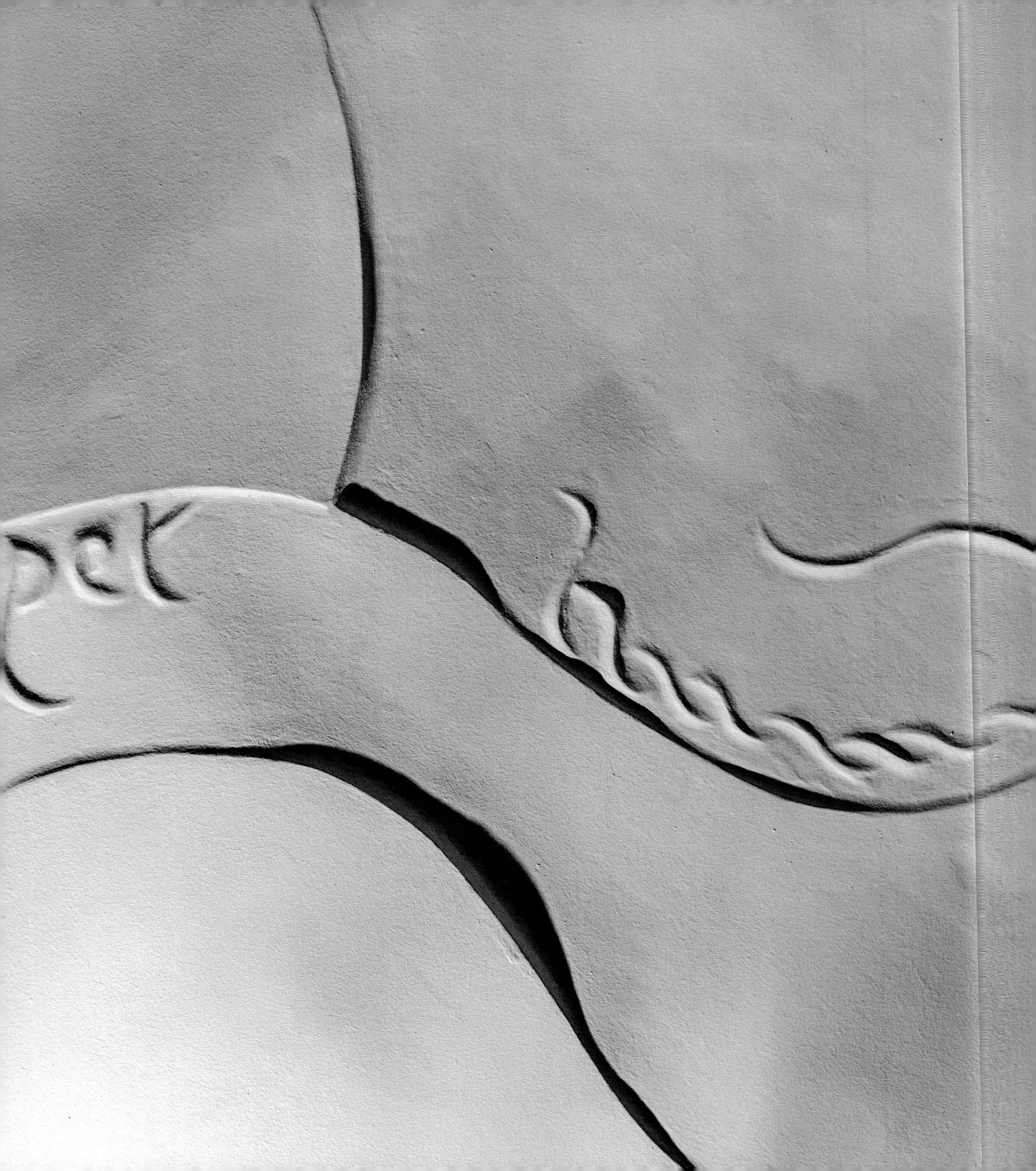

Gaudí y Jujol: Obras principales

Casa Batlló

1904-1906

El arquitecto Martinell, en su biografía de Gaudí, hablando de sus ayudantes, escribe: «Otro colaborador que merece atención especial fue Josep Maria Jujol, que según dijo Bayó entró como ayudante de Gaudí por indicación suya cuando lo tenía de alumno en la Escuela de Arquitectura y que en seguida se captó la simpatía y la confianza del Maestro, hasta el punto que le dio amplias atribuciones en la parte decorativa»[1].

Jujol fue alumno de Bayó durante el curso 1901-1902 en la asignatura *Resistencia de Materiales*; en el curso 1902-1903, en *Hidráulica*; y en el curso 1904-1905, en *Máquinas y Motores*; con las notas de Excelente en las dos primeras y Notable en la tercera.

A pesar de ser asignaturas técnicas, Bayó descubrió las cualidades personales, técnicas y artísticas de su alumno ya que «Todo el profesorado hablaba del extraordinario dibujante y colorista que era Jujol, y era valorado y conocido en toda la Escuela»[2].

El profesor Jaime Bayó Font era hermano del contratista José Bayó que realizaba las obras de la Casa Batlló desde 1904. En aquel momento Jujol estaba colaborando en las obras del Ateneu Barcelonès, donde entró en contacto con un asiduo ateneísta y gran amigo de Gaudí, el Dr. Pere Santaló, quien, seguramente, hablaría con admiración de Jujol a Gaudí, viéndole actuar como arquitecto aunque pendiente de la obtención del título (que será en 1906). La coincidencia de opiniones movieron a Gaudí a interesarse por el joven estudiante de arquitectura y admitirlo en su grupo de trabajo. El inteligente y observador Gaudí en seguida valoró las cualidades de Jujol: sencillez, humildad, conocimientos, espontaneidad, sinceridad, religiosidad y amor al trabajo, aspectos que conforman una personalidad modélica y de confianza; si además añadimos que ambos eran del Camp de Tarragona, como ya hemos explicado, podemos pensar que Gaudí vio en Jujol al artista ideal para colaborar con él.

En la Casa Batlló le puso a prueba y el resultado fue óptimo. Gaudí explicó a Jujol la idea que tenía para la decoración de la fachada principal, y el reciente ayudante se entusiasmó con la idea y sus comentarios agradaron a Gaudí, quien, a la vista de ello, le confió su realización, según testimonios de la época, en el año 1906. El resultado fue una armoniosa y equilibrada mezcla de ricos y suaves cromatismos, en los que no vemos los planteamientos característicos de Gaudí: geometría y repetición. Compárese la fachada posterior y las chimeneas —obra de Gaudí—, con la fachada principal; no son de la misma mano. Además tenemos el testimonio del propio Jujol, hombre recto y justo, incapaz de apropiarse de una obra ajena. Según dice el arquitecto Masayuki Irie, «Jujol da vida y color a la obra de Gaudí»[3]. Jujol hace evolucionar el decorativismo de Gaudí.

Según el arquitecto Masayuki Irie, «Jujol da vida y color a la obra de Gaudí».

También intervino en algunos trabajos de carpintería y en los candelabros y sacras del oratorio privado de los señores Batlló. Fueron modelados en barro por Jujol a tamaño natural.

«Gaudí sentía por el colorismo de Jujol una fe absoluta y diversas veces lo tuvo como colaborador en la Casa Batlló...» palabras del arquitecto Ràfols Fontanals que vivió estos hechos en primera persona[4].

Sin duda, la participación de Jujol en este edificio fue notoria, y Gaudí no la escondía. En la inauguración de la vivienda vemos a Gaudí y Jujol, los dos artífices de la obra, compartiendo mesa con los señores Batlló. Si Jujol no hubiera sido una figura importante en la obra, no habría participado en el banquete inaugural.

A partir de esta obra vemos un Gaudí más atrevido, más luminoso, menos geométrico; podemos suponer que es la influencia de Jujol.

1 Martinell i Brunet, Cèsar. *Gaudí, su vida, su teoría su obra*. Barcelona: COAC, 196[illegible].

2 Palabras de Eduard Maria Balcells i Buïgas, arquitecto, que cursaba un año por delante de Jujol. Conversación con el autor en 1965.

3 Masayuki Irie, arquitecto, profesor de la Universidad Waseda, Tokio 2002.

4 Ràfols i Fontanals, Josep Francesc. *Gaudí, 1852-1926*. Barcelona: Aedos, 1952.

JHS

La Casa Batlló fue una reforma de un edificio preexistente. La intervención principal de Gaudí consistió en la modificación radical de la fachada, en la cual Jujol tuvo un papel determinante en la decoración.

La combinación de discos cerámicos y trencadís de vidrio y cerámica crea una armoniosa y equilibrada mezcla de ricos y suaves cromatismos.

Detalle del trabajo de ebanistería
de una puerta del piso principal de la casa.

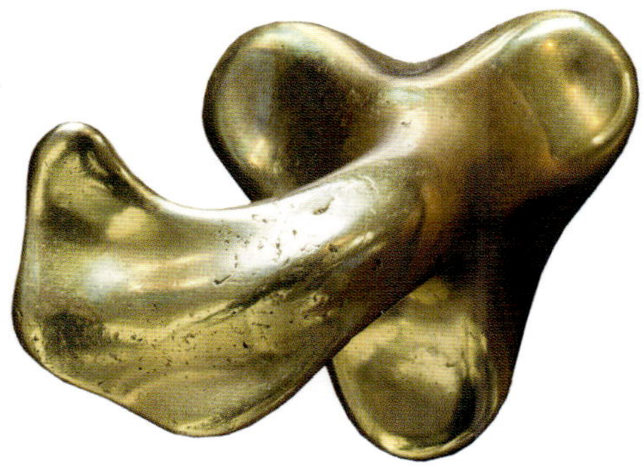

Tirador de una puerta y candelabro para el oratorio del piso principal.

Templo de la Sagrada Familia

1905-1926

↑ Rótulo para un cepillo de limosnas (c. 1906) y sello (1907) para la parroquia de la Sagrada Familia.

← Postal de 1926. Fotografía L. Roisin.

En cuanto Jujol se incorporó al grupo de Gaudí, frecuentó el estudio donde trabajaba el gran arquitecto y sus ayudantes, sin dejar de asistir a las clases de la Escuela de Arquitectura. No tenía un horario establecido, ya que trabajaba en asuntos concretos y cobraba un tanto según las realizaciones, lo que le permitía una gran libertad de movimientos, alternando estudios y trabajo, ya que también seguía colaborando con Josep Font i Gumà (1859-1922), aunque cada vez menos.

Su fama de excelente dibujante y colorista le comportó como primer trabajo en el Templo la realización de unos vistosos rótulos de los que se conservan dos muestras: uno de ellos para la puerta de acceso a la obra; el otro para una caja de limosnas en la que además del rótulo hay dibujado un cepillo de carpintero, en alusión a san José, con la M de María y la cruz de Jesús inscritos, simbolizando la Sagrada Familia. La caligrafía de estos rótulos, tan alejada de la que hacían Gaudí o sus ayudantes, le valió la aprobación entusiasta del maestro.

En 1907, el Obispado de Barcelona, otorgó a la cripta del Templo la categoría de Tenencia Parroquial, ya que el barrio iba creciendo y aumentaban el número de feligreses que asistían regularmente a los actos de culto en la cripta del Templo. Esto comportó la necesidad de crear un sello para dar validez a los documentos de la nueva parroquia. Gaudí no dudó sobre quien lo debería diseñar: el joven Jujol, el hombre de los rótulos de caligrafía vistosa. El sello está formado por el texto «Tenencia Parroquial de la Sagrada Familia Barcelona», que forma una espiral en cuyo centro se sitúan las iniciales JMJ (Jesús, María y José, precisamente la Sagrada Familia), atravesadas por una larga y estilizada cruz, que, al tiempo que hace de T de «Tenencia», nos recuerda una espada, la espada de dolor que atravesará el corazón de la madre de Jesús durante la Pasión y Muerte de su hijo. De inmediato, los críticos denunciaron que resultaría difícil de leer, pero Gaudí, con su rápida agudeza, defendió a Jujol contestando: «Sello viene del latín *sigillum*, es decir, secreto, por lo tanto es acertado».

Las actuaciones de Jujol a lo largo de su colaboración con Gaudí siempre fueron admiradas y alabadas por parte del gran arquitecto frente a los críticos. Gaudí debía sentir una enorme satisfacción por haber incorporado a su equipo a este atrevido y competente artista.

Por iniciativa de Eusebi Güell, Gaudí tomo parte en el Salón de Bellas Artes de París de 1910. En una sala específica se presentaron once elementos, reproducciones en yeso a gran escala entre grandes fotografías, de particularidades del Templo, y una gran maqueta de yeso de la fachada del Nacimiento, confeccionada para la ocasión y que hizo pintar a Jujol.

Según Cèsar Martinell, que frecuentaba el taller donde Jujol —su profesor en la Escuela de Arquitectura— trabajaba, la maqueta «estaba concebida en tono general azul, que recordaba la noche navideña, en la gran arquivolta de la puerta de la caridad; verde en la puerta de la esperanza y amarillo ocroso en la de la fe. Sobre estos tonos destacaban las blancas flores de almendro, estrellas y otros motivos ornamentales y simbólicos, así como las imágenes pintadas en sus colores naturales. Luego los campanarios suben sin pintar, fiando que el tiempo y los óxidos le darán natural policromía, pero las inscripciones se pintarán también para conjugar con las partes coloreadas que existen que son el ciprés revestido de hojas que imitan el natural en cerámica de barniz verde y la letra Thau que lo remata en rojo». Así pues, gracias al testimonio del por entonces estudiante de arquitectura sabemos de primera mano la plasmación colorista que efectuó Jujol[1].

Joan Bassegoda Nonell, hablando de la maqueta, aporta la siguiente información: «cuando terminó, (Gaudí) le dijo a Bordàs (estudiante que hacía de delineante en el templo) que Jujol, sin unas profundas creencias religiosas, no hubiera sido capaz de policromar como lo hizo sobre el modelo»[2].

La maqueta retornó al estudio del Templo hasta que en 1936 los revolucionarios la destruyeron. No obstante, se conservaron grandes fragmentos que sirvieron para que en 1987 se reconstruyera en parte. Actualmente, se exhibe en el Museo de la Sagrada Familia.

Siguiendo con el tema del color, Jordi Bonet i Armengol, arquitecto, antiguo alumno de Jujol y ex-director (1985-2012) de las obras del templo, señala: «Con las ideas de Gaudí, él [Jujol] va más lejos con el color. Hombre muy documentado en otras materias al margen de la arquitectura»[3].

Por otra parte, san José había sido proclamado patrono de la Iglesia Universal en 1870 por el papa Pio IX. Al celebrarse el cincuentenario, desde 1920 a 1921 tuvieron lugar una serie de fiestas y peregrinaciones de distintas diócesis de España, generalmente acompañadas por sus prelados.

Gaudí encargó a Jujol dar color a la maqueta que se exhibió en 1910 en el Salón de Bellas Artes de París. «Sin unas profundas creencias religiosas no hubiera sido capaz de policromar como lo hizo», declaró Gaudí sobre la obra de Jujol.

Gaudí tuvo la idea de honrar a los dignatarios eclesiásticos que visitaban el templo, colocando su escudo en el acceso al recinto, para luego, una vez terminada la visita, situarlos sobre los pilares de la cripta. Todos fueron construidos bajo las órdenes de Jujol y con una participación suya muy directa y personal ya que remataba el trabajo pintándolos con su estilo y vistosidad personal. Según José Gargallo Porta, que lo vivió, eran de un tamaño aproximado de 1,60 de altura por metro de ancho. Estaban constituidos por piezas de madera y cartón encoladas, con el capelo y borlas que correspondían a la dignidad del cargo que presidía la peregrinación: obispos, arzobispos, cardenales... A lo largo del tiempo, según el mismo Gargallo, los escudos llegaron a ser dieciocho[4].

Hay constancia de algunos de ellos: en 1915, Monseñor Ragonessi, nuncio de Su Santidad y el Dr. Reig, obispo de Barcelona. En 1920, el Dr. Guillamet, obispo de Barcelona, Dom Antonio Maria Marcet, abad de Montserrat, el Dr. Guitart, obispo de Urgell y copríncipe de Andorra, el Dr. Muñoz, obispo de Vic, el Dr. Comellas, obispo de Solsona y otros obispos de España. En 1921, el Dr. Vidal i Barraquer, arzobispo de Tarragona. En 1922, el nuncio del Santo Padre, Dr. Federico Tedeschini.

A la derecha, sobre los pilares de la cripta, escudos de cartón y madera (hoy desaparecidos) de los dignatarios eclesiásticos que visitaban el templo, similares a los que realizó (arriba a la izquierda) para la iglesia de Vistabella.

Desgraciadamente todos fueron quemados por los anarquistas en la revolución de 1936. Solo queda constancia gráfica en algunas fotografías del conjunto de la cripta, en las que, no sin cierta dificultad, puede verse el valioso trabajo artesanal de Jujol, que tanto entusiasmaba al genial Gaudí.

Otro trabajo que sabemos que Jujol realizó en el Templo, fueron las palomas que adornan el ciprés de la fachada del Nacimiento. Gaudí, hombre meticuloso y fiel a la naturaleza, quiso que Jujol tomara por modelo una paloma del natural. Así, un obrero hacía volar una paloma atada a un bramante, mientras Jujol la dibujaba en las diferentes posiciones de vuelo. En otro momento era sostenida por las alas para captarla de frente.

A partir de las diferentes anotaciones, Jujol esculpía, en barro y a tamaño natural, diversos ejemplares, que posteriormente eran recogidos en molde por los modelistas. Muerto ya Gaudí, se construyó el ciprés en la fachada circundado por las palomas jujolianas en cerámica, aunque sin la intervención de Jujol, que ya no trabajaba en el Templo, puesto que tras la muerte del genio se prescindió de sus servicios.

Vista la profunda compenetración entre ambos arquitectos, no resulta fácil entender el porqué de esta decisión. Así lo han valorado algunas voces autorizadas.

Fotografía de una paloma sostenida por las alas. Para captar el movimiento de seres vivos, Gaudí utilizaba sistemáticamente la fotografía.

Sanctus
Sanctus
Sanctus
Sanctus

Según Francesc Pujols Morgades, filósofo, escritor y crítico de arte: «(...) las catedrales del porvenir que ya pagarían algo de tener un valor artístico tan enraizado y profundo como el que tiene el pedazo de la Catedral de Gaudí y habría tenido toda la Catedral entera si la hubiera podido acabar o la acabase Jujol, que es capaz de hacer lo que hacía Gaudí (...) de la misma forma que podía ir continuando la vida que Gaudí le ha dado si pusiéramos la Catedral como ya pedimos nosotros desde la *Veu de Catalunya*, en manos de Jujol»[5].

Otra fotografía de paloma. Estas imágenes sirvieron de modelo para que Jujol esculpiera en barro y a tamaño natural las palomas del ciprés (página izquierda) que corona el portal de la Caridad en la fachada del Nacimiento.

José María Montaner, arquitecto y articulista escribe: «El joven Jujol fue el que estimuló y catalizó la gran transformación de Gaudí. Un misterio insondable es por qué razón no se le encargó a Jujol, a la muerte de Gaudí, la continuación de las obras de la Sagrada Familia. Era el único que hubiese podido hacerlo con autenticidad»[6].

Según Oriol Bohigas i Guardiola, arquitecto, antiguo alumno de Jujol y publicista: «La ausencia de discípulos es manifiesta, sobre todo en los desastres de la construcción del templo expiatorio de la Sagrada Familia. Muerto Gaudí, sólo había un arquitecto capaz de continuarla con el empuje propio, superando la repetición estéril, un arquitecto que era precisamente su único discípulo: Jujol»[7].

1.- Martinell i Brunet, Cèsar. *Gaudí. Su vida, su teoría, su obra*. Barcelona: COAC, 1967.

2.- Bassegoda i Nonell, Joan. *El gran Gaudí*. Sabadell: Ausa Editor, 1989.

3.- Jordi Bonet i Armengol. Conversación con el autor en 1966.

4.- Gargallo Porta, José. *Revista Temple*, núm. 135. Barcelona, 2001.

5.- Pujols i Morgades, Francesc. *La visió artística i religiosa d'en Gaudí*. Barcelona, Quaderns Crema, 1996 (el original se publicó en 1927).

6.- Montaner, Josep Maria. «Después del Movimiento Moderno» en *La Vanguardia*, Barcelona, 1993.

7.- Bohigas i Guardiola, Oriol. *Miscelánea Gaudí*. Barcelona: Ajuntament de Barcelona, 2002.

Casa Milà

1906-1912

La colaboración de Jujol en la Casa Milà consistió en los trabajos de yesería, herrería y escultura; y finalmente dirigió la terminación de la azotea y las chimeneas según lo planificado por Gaudí, cuando éste, por desavenencias con los propietarios, abandonó la obra.

Cuando hablamos de la participación de Jujol en la obra de Gaudí, siempre nos apoyamos en los comentarios que él mismo nos hacía. Jujol, ya lo hemos dicho antes, era un hombre justo, es decir, era esclavo de la verdad: si algo lo había hecho él, lo decía y no tenía ningún interés en apropiarse de lo que no había realizado, ni ayudado a hacer. Sus comentarios, pues, que en tantas ocasiones había hecho a la esposa e hijos mientras contemplábamos las vistosas construcciones gaudinianas, son los que nos ayudan a dar a conocer la colaboración de Jujol en la obra de Gaudí. También usamos las conversaciones con personas que vivieron los hechos, como son, los por entonces estudiantes de arquitectura, Ràfols y Martinell[1].

Postal fotográfica de 1911.

¿Cuáles son los techos donde Jujol dejó su atrevida vistosidad? No lo sabemos. Pero haciendo una minuciosa observación, vemos en algunos un movimiento atrevido que no encontramos en ninguna actuación de Gaudí. Martinell nos hablaba que había visto a Jujol encaramado en el andamio dando órdenes al yesero, y Gaudí no estaba presente. No hay duda de que Gaudí y Jujol se repartieron el trabajo de diseño de los techos, y nos atreveríamos a decir que algunos de los pisos superiores son del yesero a partir de las ideas jujolianas-gaudinianas, por lo que en ellos predominan la moderación y la poca vistosidad. No se ha hecho un

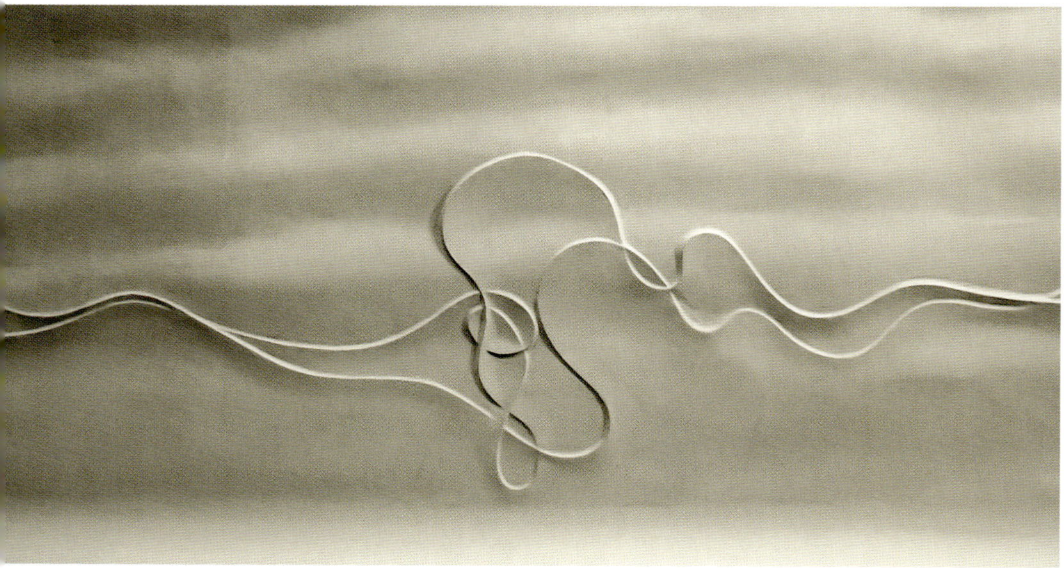

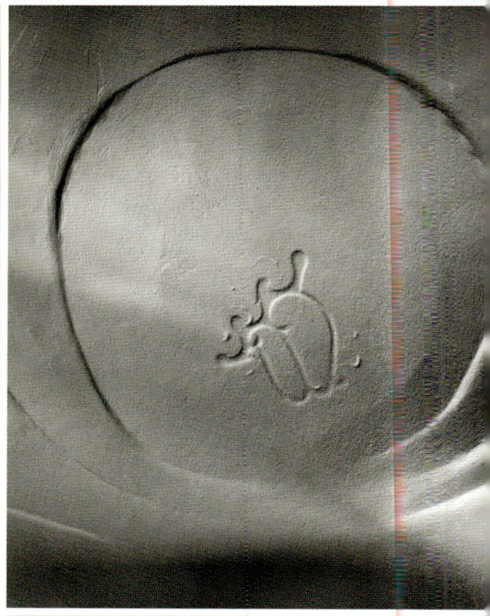

estudio detallado y meticuloso, para intentar descifrar la autoría de cada techo, un trabajo apasionante y necesario. Eso sí, podemos asegurar que Jujol con la libertad que siempre le dio Gaudí fue el autor de muchos de ellos. El arquitecto Flores así lo atestigua: «Resulta más que evidente que gran parte de los cielos rasos de La Pedrera llevan el sello inconfundible, no solo rupturista, sino desmesurado y con frecuencia al margen de cualquier norma del joven Jujol»[2].

En el trazo y el grafismo de los techos de La Pedrera se reconoce la libertad creativa de Jujol.

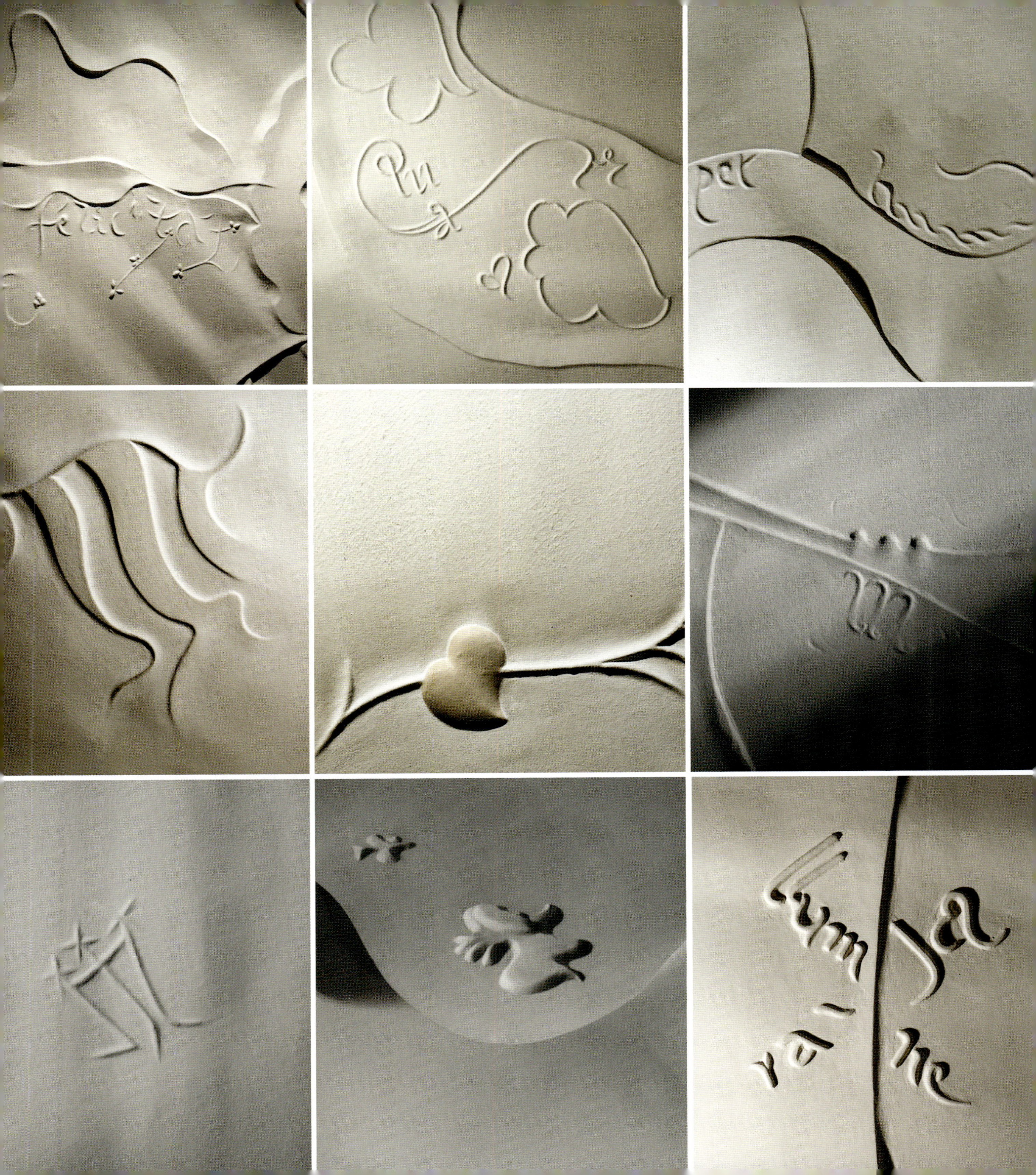
pet

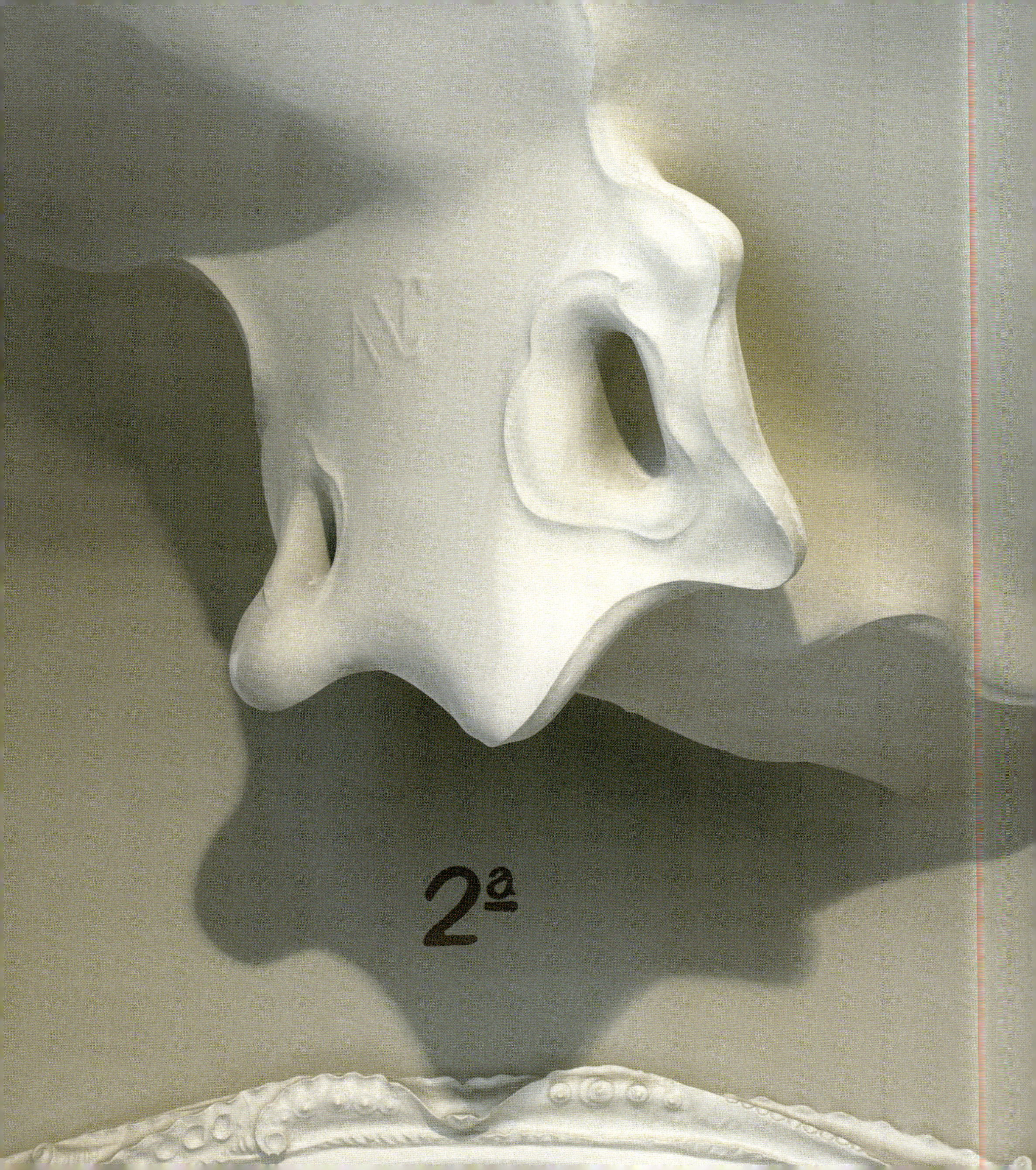

2ª

El sentimiento religioso de ambos arquitectos se plasma en las inscripciones marianas («Ave» «Maria») escritas respectivamente sobre los dinteles de sendas puertas de entrada a los pisos de uno de los rellanos.

Otra actuación jujoliana fueron las barandas de los balcones de las fachadas exteriores y las de los patios. Martinell nos dice, y lo escribió en 1967[3], que Gaudí dirigió un balcón, el situado sobre la tribuna de la entrada principal, así como la baranda. A partir de aquí, confía a Jujol la realización del resto de barandas. El hecho de que haya más de treinta, justifica que después de dirigir varias en el taller de los hermanos Badia, excelentes profesionales, hombres del oficio y bien aleccionados por Jujol, algunas de las barandas fuesen realizadas por ellos con algunos retoques de Jujol o de Gaudí[4].

Así, al igual que pasa con los techos de las habitaciones, otra incógnita queda por desvelar en esta casa: estudiar y distinguir las barandas netamente de Jujol, las de influencia de Gaudí y las de los fieles y diestros forjadores[5].

Otro trabajo de forja en el que participó Jujol son las rejas que cerraban las aberturas de los semisótanos. En el Arxiu Jujol se conserva una fotografía de una de estas rejas, en la que Jujol puso su firma indicando así su autoría, que coincide con los comentarios que hacía a sus hijos ante aquellos elementos, entonces, hacia 1948, colocados en su lugar original. Gaudí diseñó una primera reja, pero era demasiado tupida y cara de construir. Fue entonces cuando le sugirió a Jujol que hiciera una cosa simple y eficaz, con fleje, elemento metálico sencillo y maleable. Por lo tanto estamos ante unas rejas atribuidas a Gaudí pero que son obra indiscutible de Jujol.

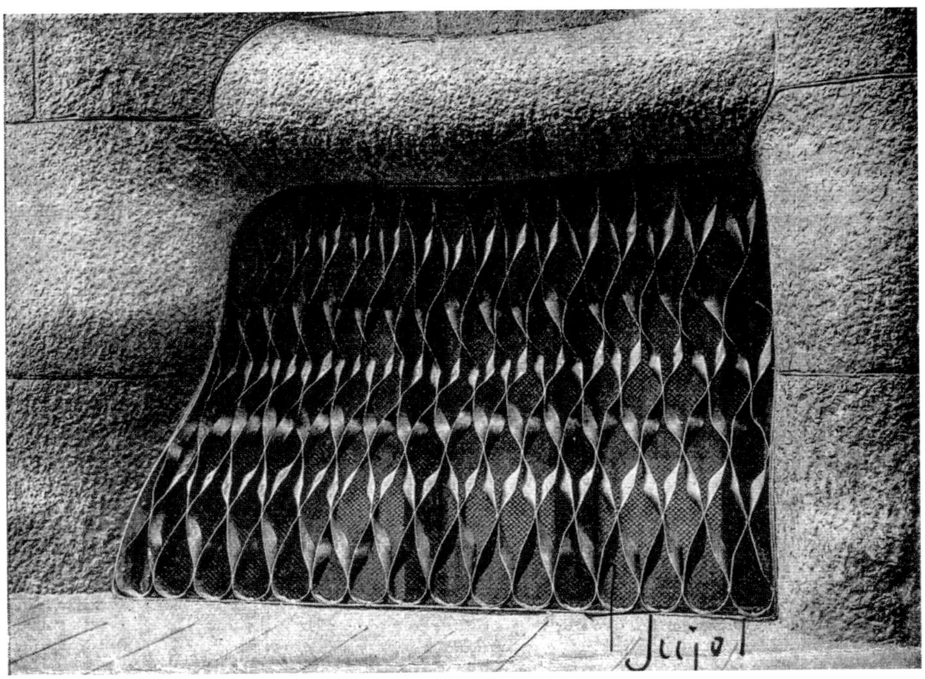

Foto firmada por Jujol de una de las rejas que cerraban las aberturas de los semisótanos.

Página derecha. Balcones de forja en la fachada de la calle Provença.

Página izquierda. Trabajo de forja de una de las aberturas que dan a la entrada del Passeig de Gràcia.

Dibujo preliminar de Jujol para las rejas de las ventanas que dan al patio interior y ventana con la reja instalada.

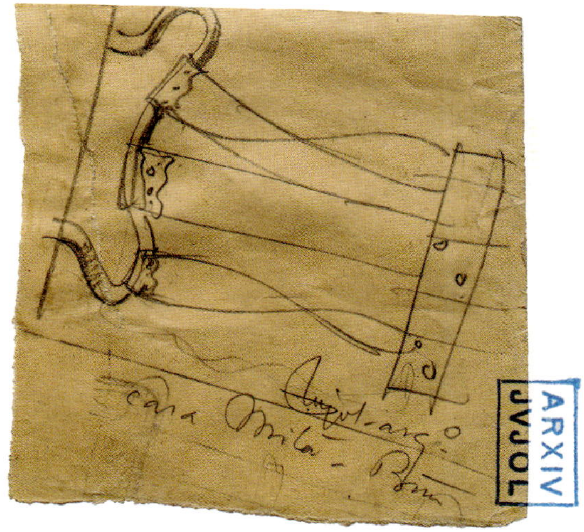

Según escribió Cèsar Martinell, Gaudí dirigió la realización de la primera baranda que se colocó en los balcones (foto superior). Después, confió a Jujol el resto de ellas.

En cuanto a las inscripciones en incisiones sobre piedra, en las columnas del patio, al nivel del piso principal y en la escalera, el estilo nos indica la autoría jujoliana. Debían vestir todas las columnas, pero las desavenencias ya citadas entre los propietarios y Gaudí, que provocaron su marcha, dejaron el trabajo inacabado. Por otra parte, en el interior del salón del piso principal, también se encuentran unas columnas con un interesante trabajo escultórico, con inscripciones, sin duda alguna, también diseñadas por Jujol.

El trabajo escultórico sobre las columnas del piso principal tiene sin duda la impronta de Jujol.

Biombo de diez hojas (1909) diseñado por Jujol. Foto Càtedra Gaudí.

Dibujos (1909) de Jujol para el mobiliario y decoraciones de La Pedrera.

El de abajo es inédito. Arxiu Jujol.

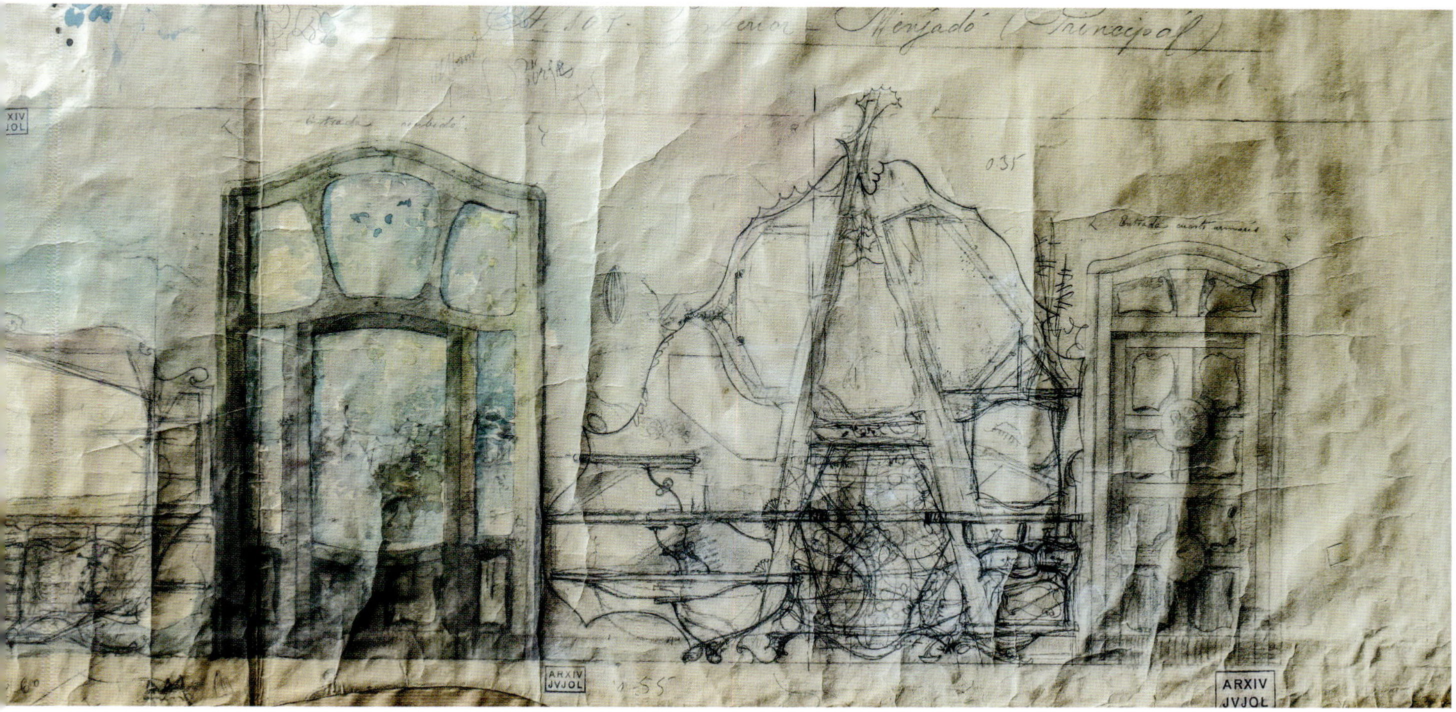

Finalmente, tras la marcha de Gaudí cuando estaban rematando las azoteas y terminando las chimeneas, Jujol queda solo en la dirección de la obra por indicación de Gaudí. Los trabajos se realizaron según el diseño de Gaudí, pero en unas chimeneas, Jujol quiso dejar su sello, y culminó el conjunto con trozos de botellas de vidrio, dándole una gracia especial y diferenciándolo así del resto.

1 Conversaciones con Josep Francesc Ràfols los años 1963-1964; y con Cèsar Martinell en 1965-1967.

2 Flores, Carlos. *Les lliçons de Gaudí*. Barcelona: Empúries, 2002.

3 Martinell i Brunet, Cèsar: *Gaudí. Su vida, su teoria, su obra*. Barcelona COAC, 1967.

4 Cèsar Martinell, conversaciones con el autor en 1967-1968.

5 Hermanos Badia, Josep y Lluís, forjadores habituales en las obras de Gaudí.

Página izquierda. Trencadís de botellas de vidrio realizado por Jujol que decora un grupo de chimeneas.

Dibujo de Jujol con la escultura de la Virgen que debía coronar la fachada. A la derecha se leen las inscripciones, que sí se realizaron, en latín, «Ave gratia plena Dominus tecum», el saludo del ángel de la Anunciación: «Llena eres de Gracia, el Señor está contigo». Arxiu Jujol.

Park Güell

1907-1914

Jujol se incorporó a las obras del Park una vez acabada la sala hipóstila, el gran espacio cubierto por pequeñas cúpulas de trencadís blanco, construidas como las bóvedas tabicadas, y sostenido por 86 columnas. Si la urbanización hubiese prosperado este espacio debía servir para celebrar un mercado quincenal. Para dar amplitud al bosque de columnas, Gaudí había suprimido cuatro para colocar en su lugar unos plafones. Gaudí encargó a Jujol que diese vistosidad al techo de la sala. Con trozos cerámicos, vidrios y loza, el fiel colaborador, con absoluta libertad creadora, revistió los plafones que sustituyen a las columnas. Un estallido de colores verde, azul, ocre, rojo y tantos otros llenan dichos plafones con soles de veinte puntas, todos diferentes, con una enigmática cinta en el centro.

Detalle de una de las cúpulas que rodean a los soles.

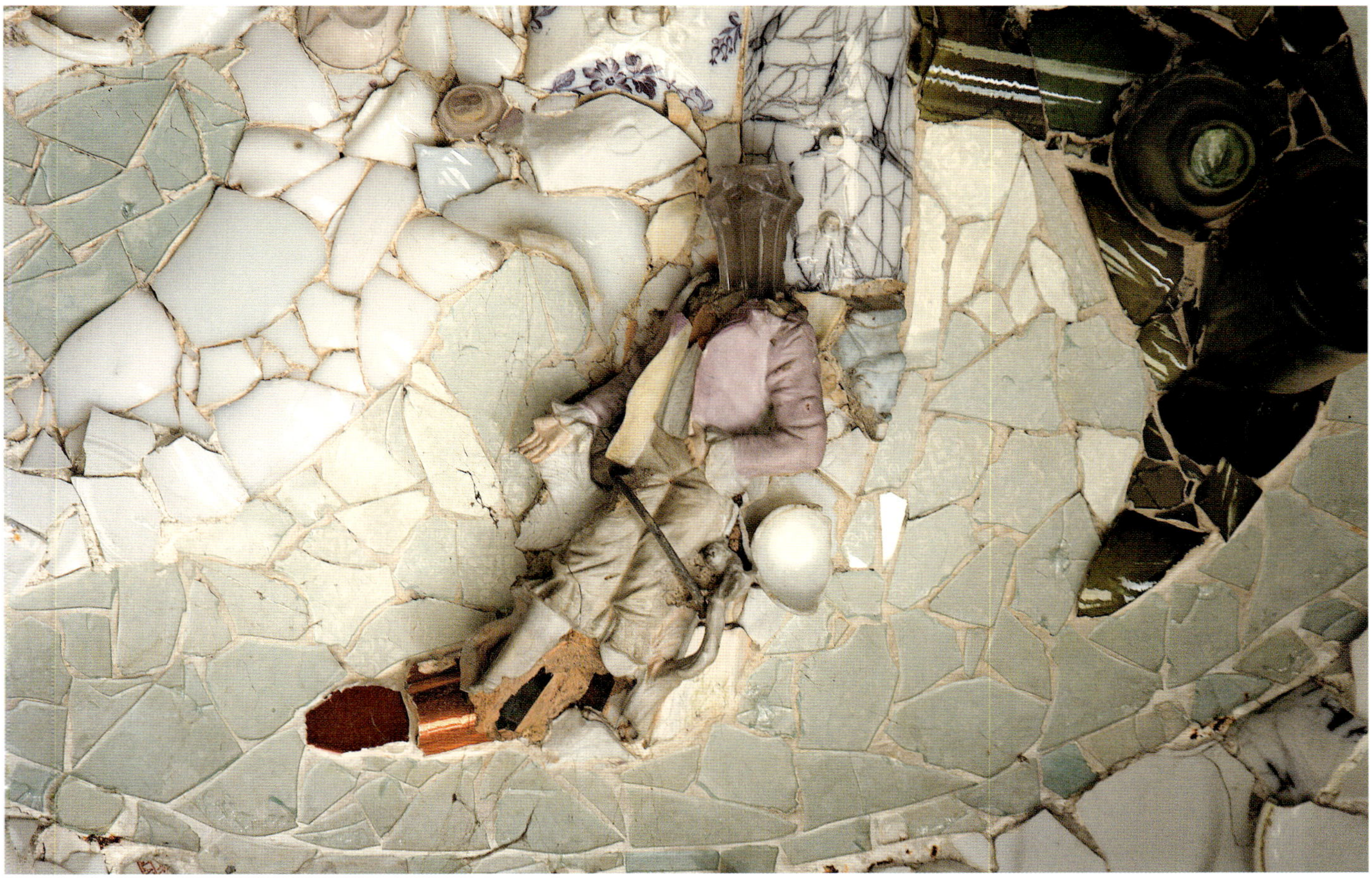

Algunas de las cúpulas que rodean a los soles, en total catorce, también fueron adornadas con unos centros aún más atrevidos. En ellos, la fragmentación cerámica se complementa con trozos de vajillas, platos, tazas, botellitas y hasta en uno, una cabecita de muñeca de porcelana (rota a pelotazos en la época en que se permitían los juegos en el recinto).

La sobriedad de la sala, se rompe y se alegra con esta vistosa y luminosa intervención «...relampagueando por los miles de partículas cristalinas y las rodelas de cerámica irisada que dispuso con gracia infinita Jujol», en palabras de Alexandre Cirici Pellicer, historiador del arte, profesor, escritor y crítico[1].

Abundando en el tema del atrevimiento cromático y formal de Jujol, Ràfols Fontanals escribe: «Gaudí tenía a Jujol como a cabal experto en los problemas del color, y así fue que le hizo encargo de todas las cromáticas fantasías del Park Güell realizadas a base de trencadís de baldosa»[2].

Hay que recordar que Jujol siempre dijo que había actuado con total libertad, sin ninguna indicación ni injerencia de Gaudí. Posiblemente estas intervenciones se realizaron entre 1907 y 1910.

Algunas de las cúpulas de la sala hipóstila decoradas por Jujol.

En las fotos de detalle se aprecia la diversidad de materiales y la riqueza cromática con los que trabaja Jujol alcanzando una gran libertad creativa precursora de las vanguardias que apareceran más tarde.

La otra intervención importante de Jujol en el Park fue el revestimiento cerámico del banco-baranda de la gran plaza. Parece que se comenzó la construcción en 1911 para acabar hacia 1913 según el proyecto de Gaudí. Una vez terminado, tuvo lugar el revestimiento de trencadís que Gaudí confió a Jujol con absoluta libertad compositiva y creativa, tanto en la parte exterior (baranda) como en la interior correspondiente al banco. Jujol, pues, comenzaría el revestimiento exterior en 1913. Teniendo en cuenta la sobria y elegante base de las columnas dóricas, Jujol hace un revestimiento original pero figurativo, que huye de lo clásico pero que enlaza con él, consiguiendo así una transición entre la obra de la base y lo que será el asiento interior de la baranda.

En la parte de poniente encontramos unas formas bastante regulares alrededor de los desagües del banco, que recuerdan las acróteras de los templos griegos, intercaladas con originales peces que nos hablan de espíritu mediterráneo, la mar que enlaza Grecia y Barcelona. En la misma baranda, hacia levante, encontramos unas formas vegetales o cintas ondeantes que rompen la regularidad anterior, pero que no desdicen de la base.

En la parte posterior del banco las formas del trencadís recuerdan las acróteras de los templos griegos.

Lo que en el exterior es baranda, en el interior de la plaza es un cómodo banco diseñado por Gaudí, y que encargó al colorista Jujol que le diese vida con un revestimiento cerámico troceado, el llamado trencadís.

El revestimiento se realizó con grandes cantidades de restos cerámicos, algunos procedentes de sobrantes de fábricas de azulejos, otros aportaciones de derribos de obras y además hay unas piezas circulares enteras procedentes de las que sobraron de la fachada de Casa Batlló, inequívocamente diseñadas por Jujol. También los mismos albañiles, si hallaban alguna pieza vistosa, hacían su aportación, cosa que gustaba a Jujol, que les animaba a hacerlo, porque así ellos se sentían parte del gran mosaico identificándose con la obra que construían.

En el interior del banco, Jujol y Gaudí consiguen llevar la técnica del trencadís a su máxima expresión.

Las piezas de media caña que coronan la baranda ondulante y que en el interior separan el asiento del respaldo, fueron confeccionadas a propósito, y antes de la cocción, en el barro blando, Jujol les practicaba unas incisiones: una flor, unas palabras... Unas son elementos sencillos para romper la monotonía del pasamano, otras, en cambio, son frases dedicadas a la Virgen María, pero plasmadas de forma quebrada, discontinua, que hacen difícil su lectura. El redactado es espontáneo de Jujol que lo realizaba en la misma fábrica, donde se cocerían las piezas.

Los hijos de Jujol las conocíamos desde la infancia, a través de nuestro padre; pero los estudiosos no las descubrieron hasta 1964, cuando José Garganté y Santiago Loperena, estudiantes de aparejador de obras, realizaron un meticuloso trabajo sobre el banco. A partir de éste, otros han hecho un seguimiento. Pero desgraciadamente en la reparación que tuvo lugar en 1994 se substituyeron piezas sin conservar o reproducir las que tenían inscripciones, lo que debía ser una restauración, pasó a ser una destrucción.

Las inscripciones en las piezas de media caña, las realizaba Jujol en el barro blando antes de la cocción. En la foto superior, en la inscripción «Son front» (Su frente), se aprecia en la grafía de la T final la firma de Jujol (ver página 4).

En 1967, Juan Matamala Flotats copió *in situ* las inscripciones subsistentes en número de 81[3]. Según este estudioso, la palabra «Maria» se repetía 15 veces; el monograma «M» con corona, 6; «Amb Ella Via de Pau» (con Ella vía de paz), 5; «Sos ulls» (Sus ojos), 2, y una vez «Dolça, Verge» (Dulce Virgen), «Angelus Domini Nuntiavit Mariae» (el Ángel del Señor anunció a María), «Tum Somrius» (Tu me sonríes), «Hay Urbs antiga i (atrafegada)» (Ay, urbe antigua y atareada), esta última palabra ya la vio mellada y no la pudo interpretar.

En el respaldo del banco encontramos una gran variedad de formas y colores. Se pueden observar espacios revestidos con cierta monotonía, corresponden a los momentos en que Jujol no estaba presente y el albañil con buena voluntad lo revestía a su aire. Cuando Jujol estaba presente la mezcla de colores es manifiesta, pero él no podía estar todo el día dirigiendo la colocación. Cada mañana, en la obra, dirigía el planteamiento y daba instrucciones para cuando debía ausentarse. Jujol daba por buena la colocación realizada por el albañil, ya que se trataba de hacer una mezcla de formas, colores y estilos.

Durante la obra se dio la circunstancia de que en casa de Jujol se rompieron dos graciosos platos de postre decorados con angelitos y de tonalidad azulada. El arquitecto los recogió cuidadosamente y los incorporó al respaldo del banco circundándolos de trencadís blanco, así quedaban dignificados e inmortalizados: aquellos fragmentos destinados a ser tirados adquieren una gran importancia al ser recompuestos y pasan a la posteridad.

Tuvo ocasión de hacer lo mismo con otro plato, esta vez blanquecino y de borde calado, que fue incorporado rodeado de tonos azules. Jujol, trabajando, disfrutaba y se divertía.

Jujol incrustó platos de su propia vajilla en el interior del banco.

1. Cirici i Pellicer, Alexandre. *El arte modernista catalán*. Barcelona: Aymà, [illegible]51
2. Ràfols i Fontanals, Josep Francesc. *Gaudí, 1850-1926*. Barcelona: Aedos, 1[illegible]2.
3. Se conserva el álbum en la Càtedra Gaudí de la Escuela Superior de Arquitectura de Barcelona de la Universitat Politècnica de Catalunya.

Catedral de Mallorca

1908-1914

Jujol se incorpora a la restauración de la catedral mallorquina en una fecha indeterminada, algunos indican el año 1908, otros no se definen, porqué la gran dificultad es ver todo lo que hizo Jujol en la Seo isleña. Sus intervenciones son más numerosas de lo que normalmente se dice, pero muy difíciles de puntualizar. Gaudí, a quien el obispo Campins había contratado para la reforma, planteaba soluciones de elementos decorativos y objetos litúrgicos y animaba a intervenir a Jujol, quien terminaba de dar el toque de gracia final. Resultado: objeto gaudiniano con regusto jujoliano. Esto sabemos que era así de primera mano.

Determinar qué elementos son del maestro o del colaborador es muy difícil y arriesgado. Aunque hay uno claramente de Jujol: las decoraciones de las paredes del presbiterio y la sillería del coro. Lo sabemos por un testimonio, además furibundo detractor de la obra, que afortunadamente nos dejó escritos los hechos[1].

Jujol revistió las paredes, desde las bóvedas hasta los asientos del coro, con ramos de olivo que formaban grandes hexágonos segmentados en triángulos, en los que colocó los escudos de los obispos que regentaron la Seo mallorquina. Todos estos elementos son de cerámica vidriada, realizada en la fábrica mallorquina de *La Roqueta*, industria que ya conocía de trabajos anteriores realizados con el arquitecto Font i Gumà. También habían hecho para Jujol los discos de manchas cromáticas para la fachada de la Casa Batlló y cuyos sobrantes colocó en el banco del Park Güell.

Inscripciones en hierro forjado y dorado.

Jujol realizó personalmente toda la elaboración pictórica de las piezas cerámicas, dándoles la forma y cromatismo adecuados; esto nos hace pensar que iba a *La Roqueta* a trabajar en las piezas[2]. Utilizó el olivo para decorar el presbiterio, árbol característico y popular en la isla, del que, además, se extrae el óleo, elemento litúrgico con el que, precisamente, el obispo consagraría aquel recinto. Los escudos de los mitrados que forman la historia eclesiástica mallorquina fueron interpretados con absoluta libertad creativa por Jujol: no quería hacer un tratado de heráldica, sino crear unos elementos decorativos cuyo resultado fuera vistoso, y algunos, casi enigmáticos.

Otra colaboración de Jujol fueron las pinturas de los sitiales del coro. En este caso se trataba de dar color a la oscura madera que envolvía el presbiterio. Si la Gloria eterna es alegría y luz, el templo debe ser un preámbulo, una aproximación, un camino hacia la Luz. Esta es la visión de Jujol y así lo plasmó siempre en sus obras religiosas.

Hasta ahora, el mejor estudioso de la obra de Jujol y de Gaudí en la catedral de Mallorca, consideramos que es el ya desaparecido canónigo Pere Joan Llabrés; dejemos que sea él quien hable: «Hacia el final de su intervención en la Seo, interrumpida definitivamente en 1914, Josep Maria Jujol pintó la parte frontal del coro para sacarle la oscuridad de la madera de nogal y doró fragmentariamente algunos altorrelieves, respaldares y cresterías, y también la puerta derecha del fondo. Es tal vez, la decoración más contestada por unos y más apreciada por otros, principalmente la vistosa policromía de los respaldares frontales de la parte derecha. El programa iconográfico de las pinturas de Jujol se basa en la Pasión de Jesucristo, pasajes de la cual, con las profecías correspondientes, están esculpidos en el

Las decoraciones de las paredes del presbiterio son ramos de olivo entre los que aparecen los escudos de los obispos que habían regentado la Seo mallorquina.

friso superior. El respaldo de la primera silla, situado a la derecha de la Cátedra, está decorado con el trigrama JHS (Jesús Salvador de los Hombres). Con la cruz sobre la H. Entonces las palabras latinas hacen referencia al texto del Evangelio de Lucas (22,44): las gotas de sudor de sangre de Jesús, en la oración de la Montaña de los Olivos, caen sobre la Tierra, que reflorece, como un prado en primavera. Significa la regeneración del mundo por la sangre de Jesucristo. Más allá se despliega la bandera de la Resurrección, el triunfo del Señor sobre la muerte, que es el inicio de la nueva creación»[3]. Las palabras exactas en latín, con vistosa policromía son *Et factus est sudor eius sicut gottae sanguinis decurrentis in terram.*

Este planteamiento iconográfico fue obra del propio Jujol, demostrando así, como en otras ocasiones, la sólida y profunda formación bíblica que desde joven había adquirido.

Toda esta maravilla, no era admirada ni querida por algunos canónigos. Transcribimos el texto del canónigo Emilio Sagristà: «Yo tuve ocasión de presenciar, a cierta distancia, parte de una sesión de pintura. Jujol estaba justo a las tres sillas del fondo y don Antonio Gaudí en pie, en la séptima u octava silla lateral. Jujol estaba metiendo pintura no con un bote, pero sí con una brocha, que a veces chorreaba y con frecuencia preguntaba: ¿que le parece don Antonio? Don Antonio de tanto en tanto contestando a las preguntas y muchas veces sin que le preguntaran exclamaba ¡bien Jujol! ¡estupendo! y otras exclamaciones parecidas»[4].

Con su testimonio, este detractor de la obra jujoliana nos ayuda a clarificar la actitud de Gaudí hacia la obra de su colaborador: le daba libertad absoluta para que aportara color y vistosidad a su obra, ya que Gaudí siempre admiró la creatividad pictórica y la revolución colorista de Jujol.

Las pinturas de Jujol sobre la silleria del coro, estéticamente, se avanzan décadas al informalismo y la pintura matérica.

También, en el facistol del coro, encontramos unas incisiones que sin duda son de Jujol. El canónigo Llabrés lo afirma categóricamente. En cambio, sobre el esbozo del altar mayor, un dibujo de un trazo sencillo y enérgico se discute más la autoría, aunque muchos estudiosos también lo atribuyen a Jujol.

Asimismo, y sin ninguna duda, las aberturas que se encuentran a lo largo de las fachadas que dan luz y ventilación a las capillas laterales son de Jujol. Ya existían pero eran un simple rectángulo. Jujol la adorna, todas diferentes, con unas acertadas muescas en la piedra que las circundan.

Las incisiones en el facistol del coro y las modificaciones de las aberturas de las fachadas de las capillas laterales evidencian los rasgos típicos del diseño jujoliano.

Observando la técnica constructiva del baldaquino del altar mayor, en el que hallamos cartón, madera clavos..., elementos humildes aquí realzados de categoría, son muchos los estudiosos que ven en él la intervención de Jujol[5].

Desgraciadamente, en 1914, Gaudí y Jujol fueron despedidos; el entusiasta obispo Campins ya no tenía fuerzas para frenar a los canónigos, y fallecería un año más tarde.

Las pinturas de Jujol quedaron inconclusas; unos dibujos a lápiz previos a la pintura permanecen *in situ* en la cátedra episcopal. Con pena y resignación, Jujol regresó a la península. La puerta de la catedral se había cerrado para él.

Años después, en 1921, llevaría allí, en viaje de estudios, a un grupo de sus alumnos de la Escuela de Arquitectura. ¿Qué comentarios les debió hacer?

Arriba, dibujos de las pinturas que quedaron inconclusas en el respaldo de la cátedra.

Página derecha. Por sus materiales, el baldaquino del altar precede la estética del *Arte Povera.*

1. Sagristá, Emilio. *Gaudí en la catedral de Mallorca*. Castellón de la Plana Sociedad de Cultura, 1962.
2. Cantarellas, Catalina. *LA ROQUETA*. Palma: Conselleria d'Educació de Balears, 1985.
3. Llabrés, Pere-Joan. *Gaudí a la catedral de Mallorca*. Sant Lluís: Triangle, 2005
4. Sagristá, Emilio. *Gaudí en la catedral de Mallorca*. Castellón de la Plana Sociedad de Cultura, 1962.
5. Conversaciones del autor con el Dr. Pere-Joan Llabrés. Palma, 2000.

Otras obras y colaboraciones

Visita al Orfeó Català

1922

Cuando el Orfeó Català estaba dirigido por el maestro Lluís Millet i Pagès (1867-1941) era muy valorado y admirado, debido a la calidad interpretativa que llegó a adquirir. Los melómanos seguían con fidelidad sus audiciones, y entre ellos encontramos a Jujol y a Gaudí. Jujol asistía con cierta frecuencia a los conciertos, algunas veces junto a su amigo Pedro Mañach. Esto daba lugar a conversaciones sobre algunos conciertos entre Gaudí y sus ayudantes y colaboradores en el estudio de la Sagrada Familia.

El maestro Millet, amigo de Gaudí, invitó al arquitecto a visitar la institución musical y su sede; esto tuvo lugar el 29 de junio de 1922, jornada festiva de San Pedro.

Acabada la visita, Gaudí fue invitado a firmar en el libro de honor de la Institución, pero antes de hacerlo y añadir las palabras «Al Cel tots en serem d'Orfeonistes. D. de S. Pere. 1922.» (en el cielo todos seremos orfeonistas. Jornada de San Pedro. 1922.), invitó a su ayudante Quintana a que plasmase una glosa de la leyenda de Orfeo, que calmó la furia de las fieras a los sones de su lira, y a Jujol que colorease la glosa, que además dibujó una cruz que presidía el conjunto cristianizando así la leyenda pagana.

Gaudí quiso, con la participación de sus acompañantes, dar relieve a una simple dedicatoria y dar protagonismo a sus colaboradores, fieles operarios de su obra[1].

1 En algunas visitas y excursiones, Jujol llevaba en el bolsillo una pequeña caja metálica (que se conserva en el Arxiu Jujol) con colores y un minúsculo pincel.

Firma de Gaudí en el libro de honor del Orfeó Català, con dibujo de Quintana y color y cruz de Jujol.

Jocs Florals
Barcelona, 1907

Los Jocs Florals (Juegos Florales) eran certámenes poéticos anuales instituidos en Barcelona, en 1859, siguiendo una idea medieval instaurada por el rey de la Corona de Aragón, Juan I, en 1393. Constan de tres apartados dedicados a temas que hacen referencia a: Fe, Amor y Patria, que es su lema.

En el año 1907, los organizadores confiaron a Gaudí la ornamentación del Salón de la Lonja, donde tendrían lugar las competiciones poéticas. Gaudí aceptó el trabajo, aunque estaba absorbido por las obras en la Colonia Güell, la Casa Milà, la Sagrada Familia y la Catedral de Mallorca. Hizo un planteamiento diferente a los habituales en la distribución de estrados y un vistoso ornamento como corresponde a una tal fiesta poética. Confió la dirección del montaje a su fiel ayudante Canaleta[1], y encargó a Jujol que realizase tres grandes telas a modo de tapices para envolver tres de las columnas. En ellas, Jujol pintó alegorías que hacían referencia al lema de los juegos: Fe, Amor, Patria[2].

Los periódicos de la época, en sus crónicas, describieron la decoración pero ninguno citó a Jujol como autor.

En el diario *La Publicidad* leemos, entre otras cosas: «Tres columnas estaban cubiertas por paños que dibujaban el símbolo del lema de los Juegos Florales: Patria, Fe, Amor»[3].

En *La Vanguardia*: «Las columnas se hallaban revestidas de telas pintadas imitando tapices, con alegorías de la fiesta»[4].

En *La Veu de Catalunya*: «Colgaduras pintadas que cubrían todo el pilar»[5].

El semanario satírico *L'Esquella de la Torratxa*, en la crónica burlesca dice: «...en tres de las cuatro columnas vestidas con calzoncillos que enseñaban las cintas...»[6].

Parece que no acabó de gustar el conjunto decorativo y la distribución. De Jujol, solamente eran tres grandes lienzos pintados y colocados en las columnas. No hemos encontrado ningún comentario de las pinturas de Jujol, ni ninguna fotografía de ellas.

1 Canaleta i Cuadras, Josep (1875-1950). Arquitecto ayudante de Gaudí en algunas obras.

2 Se conservan en el Arxiu Jujol. Su estado es muy precario.

3 *La Publicidad*, Barcelona, 13 de mayo de 1907.

4 *La Vanguardia*, Barcelona, 13 de mayo de 1907.

5 *La Veu de Catalunya*, 13 de mayo de 1907.

6 *L'Esquella de la Torratxa*, 16 de mayo de 1907.

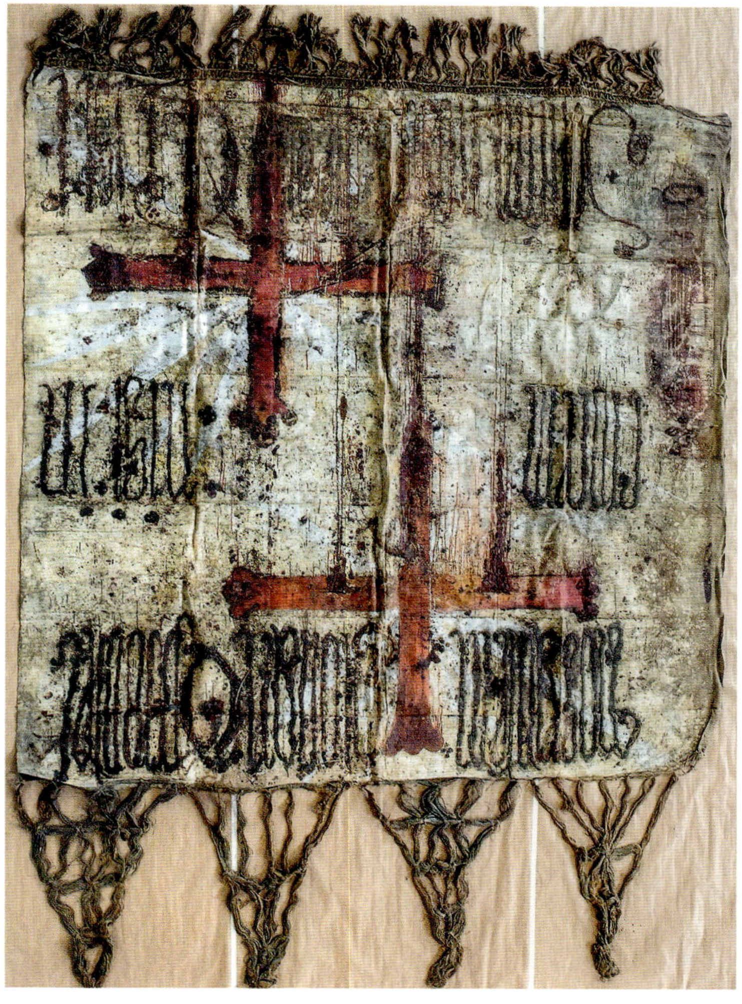

Telas a modo de tapices que envolvían las columnas del Salón de la Lonja.
Propiedad del Arxiu Jujol.

Homenaje al Rey Jaime I

1908

La ciudad de Barcelona, quería celebrar con cierta solemnidad y trascendencia, el séptimo centenario del nacimiento del gran rey Jaime I, que tuvo lugar el 2 de febrero de 1208 en Montpelier.

Se pensó en erigir un monumento al monarca. Varias fueron las ideas, y diversos los lugares para su ubicación. Formaba parte de la comisión el arquitecto Puig i Cadafalch, quien visitó a Gaudí para ofrecerle que llevase a la práctica la materialización de la idea.

Gaudí, sin descartar la posibilidad de erigir un monumento al gran monarca, consideró más acertada una revalorización de los edificios de la época del monarca y de aquellos en los que había vivido. Entre las mejoras que convenía efectuar, una era el derribo de las casas de la calle Tapineria, que no tenían ninguna clase de valor, y que adosadas a la muralla la ocultaban a la vista de los paseantes. En particular, una casa situada bajo el arco que sostiene la capilla de Santa Águeda, donde se creía que había un portal de la antigua muralla romana, cegada y transformada en época gótica.

Años después, al derribarse esas casas y descubrir la totalidad del lienzo de muralla, pudo comprobarse que, bajo aquel gran arco, jamás había habido ninguna entrada al recinto de la ciudad romana: era un arco gótico adosado al muro defensivo sin otra función que sostener la Capilla Real.

De todos aquellos proyectos, el único que se llevó a cabo fue pintar, sobre las piedras que circundaban la arcada, la siguiente inscripción dictada por el poeta Maragall: «Al Rei Jaume son poble MCMVIII – Relíquia i penyora de glòria», (Al Rey Jaime su pueblo MCMVIII – Reliquia y prenda de gloria)[1].

Como hemos dicho, la idea era de Gaudí, pero la realización la confió a Jujol. Las letras jujolianas, de un cierto regusto gótico, destacaban sobre una explosión de colores vivos y armoniosos, con la Cruz de San Jorge, roja sobre un irregular campo blanco cruzado por las barras de sangre de trazado irregular, que se confundían con las llamas amarillo-naranja que salían como resplandores de la cruz.

Bajo el arco, en la parte superior, además de la fecha estaba situada la corona, atributo del Rey y entre los balconcitos de la casa, el nombre de Jesús rodeado de una estilizada corona de espinas, simbolizando que todas las empresas del monarca estaban presididas por la fe en Dios.

En esta obra se pone de manifiesto una vez más cómo valoraba Gaudí a Jujol; le confiaba con absoluta libertad una obra de lucimiento, consciente que Jujol saldría de ella muy airoso. Gaudí se retira y da todo el protagonismo a Jujol, demostración de inteligencia y señorío por parte del maestro.

El paso del tiempo fue borrando aquellas magníficas letras y decoraciones. En el año 1950 recordamos haber observado con mucho detenimiento aquel lienzo de muralla y aún se intuía algún rasgo de lo que había sido aquella maravilla.

1 *La Veu de Catalunya*; Barcelona, 7 julio 1908. Fotografía con comentario, indicando ser obra de Jujol.

Gaudí confió a Jujol la inscripción dictada por el poeta Joan Maragall en las piedras que circundaban un gran arco medieval sobre la muralla romana de Barcelona. Arxiu Jujol.

Farolas de Vic

1910

La ciudad de Vic quería celebrar con gran solemnidad el centenario del nacimiento de su hijo ilustre, el filósofo Jaime Balmes, y que además quedase como recuerdo visible para el gran público algún monolito o pequeño monumento.

La comisión de las fiestas consultó a Gaudí qué se podría hacer. Después de recorrer los lugares balmesianos y llegar a la gran Plaza Mayor, consideró que podrían realizarse unas farolas a modo de entrada al gran espacio, centro de la vida social y comercial de la ciudad.

Quedó encargado de la obra el arquitecto José Canaleta Cuadras, que ayudaba a Gaudí en las obras de la Colonia Güell, siguiendo el diseño del arquitecto.

Las grandes solemnidades que debía vivir la ciudad estaban ya cercanas y debía realizarse la obra con urgencia. Veamos como lo relata el cronista de las Fiestas del Centenario, Luís B. Nadal en la revista local *Gazeta Montañesa*, hablando de las decoraciones: «Esta fiebre donde se nota más, por estar más localizada, era en la erección del obelisco-farol a la entrada de la Plaza. Había prevalecido el pensamiento de Gaudí, que llevaba a la práctica el señor Canaleta muy bien ayudado por la valiente cooperación de don Luís Ylla y el talento artístico de nuestros verdaderamente notables cerrajeros Juan Colomer y Ramón Collell, que no perdonaron día y noche para que la obra quedara lista a primera hora de la mañana del día 7, dentro del cual marcaba el programa el acto de inauguración de tan original obra y curiosa. Entre los infinitos preparativos que tenían lugar por las calles no había ninguno que excitase tan vivamente la curiosidad pública. A toda prisa se hubo de encargar de pintar aquel gigantesco herraje conforme a los cánones del arte de Gaudí, uno de sus discípulos más notables: el arquitecto Jujol, ya conocido por sus obras, que dejan atrás por su originalidad las del maestro. (...) La comitiva oficial puso término a aquella ronda de inauguraciones con la de los obeliscos-farolas, apenas terminados, húmedos aún de la original pintura con la que los había vestido Jujol».

La madrugada del 7 de septiembre, según explicó al autor José María Pericas en 1951, Jujol subió al andamio que envolvía las farolas para dar vitalidad al hierro con las enérgicas pinceladas, en que parece que el oro, el rojo y el verde eran los tonos que destacaban.

El joven arquitecto acabó de pintar, rodeado de mirones; prescindiendo de los comentarios, elogiosos unos, sorprendidos otros y negativos algunos, no por las pinturas, sino por el volumen de hierro y los originales pedestales. Pronto se dividieron los vicenses en partidarios y detractores de tan original obra.

En 1924 fueron eliminadas aunque algunas voces reclamaron su restauración. Según el arquitecto vicense Pericas Morros fueron derruidas porque no gustaban y se habían deteriorado mucho al cabo de catorce años, y con un vendaval podía caer aquel gran volumen de hierro.

Jujol acabó de pintar las farolas en rojo, verde y oro la madrugada antes de su inauguración.

LICORES Y ELIXIR
DE LA
GRANDE
CHARTREUSE

Cripta de la Colonia Güell

1898-1914

No sabemos si hay intervención de Jujol, pero sabemos que había frecuentado las obras, cosa nada extraña teniendo en cuenta que coinciden en el tiempo con sus colaboraciones con Gaudí.

No obstante, sabemos que Jujol trabajó en la cripta desde 1943 hasta 1948, trabajo que le proporcionó el arquitecto Amadeu Llopart.

Modernamente, algún estudioso ve diferencias estilísticas en la colocación del trencadís en algunos sectores de los ventanales y las atribuye a Jujol. También se le atribuye el diseño de los bancos de la iglesia, lo que provoca una polémica entre estudiosos[1]

Actualmente, algunos autores atribuyen a Jujol el diseño del trencadís de algunos ventanales de la cripta.

Camino de Bellesguard

1908

Gaudí estaba muy ocupado en la Casa Milà y sabemos que delegó en Jujol hacer el seguimiento de la obra, controlando la fidelidad entre el trabajo y el proyecto; sin mayor intervención. El planteamiento sobre el terreno lo había hecho Rubió, que por entonces controlaba las reformas de la Catedral de Mallorca.

La corrección y mejora del camino desde Bellesguard hacia el cementerio de Sant Gervasi se construyó cerca del Torrente de Betlem, sostenido por unos arcos rebajados sobre unas columnas inclinadas. La obra se realizó en 1908, si bien el proyecto y la primera idea son anteriores.

Dibujo de Jujol del viaducto del camino de Bellesguard. Arxiu Jujol.

Colofón

La obra de Gaudí requiere un estudio meticuloso y muy riguroso, que permita descubrir los elementos que son incorporados por Jujol a petición y voluntad de Gaudí.

El gran arquitecto observador de la naturaleza y entusiasta de la geometría, en 1904/1905, descubre a un joven creativo, atrevido y apasionado de los colores. Lo incorpora convencido de que es a quien necesita para dar vistosidad a sus construcciones.

Jujol con sus ideas plásticas se siente comprendido y amparado por Gaudí. Gaudí con las ideas de Jujol se siente más valiente y atrevido. Véanse las construcciones de Gaudí anteriores a 1904 y las posteriores. ¡Qué cambio!

Según Carlos Flores, el gran investigador de la obra de Gaudí, dice: «La presencia de Jujol al lado de Gaudí, actua como un revulsivo que conduce al maestro a una cierta remisión o crisis en sus ideas y posiciones. (...) La asistencia de Jujol superó, de un lado la introducción en la obra gaudiniana de componentes que, según numerosos testigos directos el maestro aceptaba y admiraba, hasta con entusiasmo, y que hasta aquel momento no habían tenido ninguna presencia en su obra»[1].

Recordemos lo que en su día dijo el arquitecto y profesor de la Universidad Waseda de Tokio de una forma, creemos, muy acertada: «Jujol es el que da color y vida a la obra de Gaudí»[2]. Esta idea ya la aportó también Bassegoda: «Gaudí apreció y admiró la capacidad de dibujo y de dominio del color de Jujol y por esto le encargó parte de sus obras que se caracterizan por la abundancia cromática»[3].

El Gaudí que admira el público es el Gaudí con Jujol, dirán diferentes observadores y estudiosos. Uno de los más acreditados a nivel internacional, George Collins, se pregunta: «¿Fueron los prestigiosos asistentes de Gaudí influidos por él, o tal vez ellos sugirieron algunos elementos por los que él mismo llegaría a ser famoso? ¿Cuál sería el papel de Jujol?»[4].

Nada más lejos de nuestra intención que minusvalorar a Gaudí, pero queremos dar a cada uno lo que le corresponde. Gaudí es un gran arquitecto, ¡insuperable!; Jujol es un perfecto complemento en su obra y su mejor colaborador: «Jujol es el discípulo más fiel y más aprovechado del gran Gaudí, eso lo saben todos»[5]; «Jujol, este es el mejor discípulo del gran maestro Gaudí, y digno del maestro»[6]; «Era el leal colaborador de Gaudí. Los otros lo serán por especulación. (...) El arte de Jujol es suyo. Gaudí recoge ideas de Jujol, pero Jujol no quiere dominar a Gaudí»[7].

Gaudí demuestra inteligencia, rodeándose de los profesionales que complementarán sus ideas, consiguiendo así una obra completa, grandiosa y perfecta. Jujol será el colaborador más creativo y atrevido, no necesitará las instrucciones del maestro, sino que verá en cada caso el complemento necesario; lo que producirá en Gaudí satisfacción y alegría.

A lo largo de las obras estudiadas así lo hemos visto.

1 Flores López, Carlos. *Les lliçons de Gaudí*. Barcelona: Empúries, 2002.

2 Masayuki Irie, arquitecto, profesor.

3 Joan Bassegoda i Nonell, entrevista en el *Diario de Tarragona* el 23 de noviembre de 1980.

4 George Collins. Prólogo en *Gaudí-Jujol y el Modernismo catalán*. Madrid: Aguilar, 1982.

5 Elias Bracons, Feliu. «Les exposicions d'art», en *La Veu de Catalunya*. Barcelona, 6 de abril de 1926.

6 Folch i Torres, Joaquim. «L'Exposició d'art litúrgic», en *Gaseta de les Arts*. Barcelona, 1 de enero de 1926.

7 Amadeu Llopart Vilalta, conversación con el autor en 1965.

Jujol, arquitecto, diseñador, escultor...

Selección de obras

Teatro Metropol

1908

Situado en la ciudad de Tarragona, se lo encargó el Patronat Obrer. Es un espacio de forma irregular, disimulada con la sabia distribución de los dos anfiteatros. La acristalada pared lateral enlaza con el jardín, dándole amplitud. Basándose en la náutica, tiene aspectos originales y únicos en este tipo de recintos.

Caja y prensa de sellos

1908

La diseñó para el obispo Ramon Barberà i Boada, nacido en Alcover, un pueblo también del Camp de Tarragona, en cuya iglesia parroquial tuvo lugar su consagración episcopal el 26 de abril de 1908. También diseñó la ornamentación del templo y alguna calle.

Torre Sansalvador

1909

Situada en el barrio del Coll, en Barcelona, destacan los muros de cierre: en la calle principal con vistosos esgrafiados, y en la calle posterior con verjas muy personales. También son dignas de mención la puerta de la finca y de la cochera, de perímetros zigzagueantes. La casa quedó inacabada.

Botella «Casa de Familia»

1911

Se trata de un diseño espectacular —que aún hoy se vende en las mejores tiendas especializadas de Barcelona— teniendo en cuenta que es una simple botella de agua para los comedores de una de las instituciones más valoradas y humanistas en la rehabilitación de jóvenes en la Barcelona de principios del siglo XX: la Casa de Familia de Mossén Pedragosa, una especie de orfanato en régimen abierto para aprender un oficio.

Torre de la Creu

1913-1916

Situada en Sant Joan Despí (Barcelona), en origen son dos viviendas aparejadas de nueva planta, cuyo uso era para el veraneo de sus propietarios. Formada por la intersección de cinco cilindros de diferentes diámetros y alturas, destaca la cubierta con sus emblemáticas cúpulas y chimeneas tan expresivas y recubiertas de trencadís. Actualmente es de propiedad municipal.

Ascensor de la Casa Iglesias

1913

El propietario de la Casa Iglesias (Barcelona), construida por Antoni Millàs en 1899, encargó años más tarde el diseño del ascensor a Jujol. Incluso en un elemento tan «tecnológico» para la época, el trabajo de forja y madera logra un nivel sublime de naturalismo y expresividad. La cristalera, que no alcanza la cubierta abovedada –lo que permite una eficaz ventilación–, lo convierte en el primer ascensor panorámico de Barcelona. Lo construyó la empresa Cardellach, y un siglo más tarde sigue funcionando perfectamente.

Casa Bofarull

1914-1931

Reforma de una antigua casa del siglo XIV con ampliaciones del XVII, situada en Els Pallaresos (Tarragona). Jujol construyó una soberbia fachada posterior, con una vistosa galería adornada de personales pinturas. También transformó la escalera rematada con una airosa torre mirador, coronada con el Ángel de la Guarda, que vigila actuando de veleta.

Mina de agua «Radial»

1915

Durante la construcción de la Torre Sansalvador (Barcelona), se descubrió un pozo de agua radioactiva, que por aquel entonces se consideraba medicinal. Se creó la Compañía Anónima «Radial» con el fin de comercializarla y se le encargó a Jujol la realización de una minas para alcanzar el pozo a cubierto de la intemperie y con espacios para almacenar las cajas de botellas o su desinfección. Para apuntalar el conjunto, Jujol realizó diversos arcos y codales de obra vista y piedras intercaladas de forma caprichosa, creando formas de gran belleza y tranformando unas simples minas en una obra de arte.

Can Negre

1915-1926

En Sant Joan Despí (Barcelona), Jujol recibió el encargo de reformar una antigua masía del siglo XVII. Las actuaciones más importantes las realizó en la caja de la escalera y, particularmente, en la fachada, con una decoración que combina esgrafiados, trencadís, madera y hierro, y en la que la tribuna principal adopta la forma de un singular carruaje. Destaca, también, el oratorio. Actualmente es propiedad municipal y acoje el Centre Jujol - Can Negre.

Talleres Mañach

1916-1918

Esta nave industrial de nueva planta, situada en el patio interior de una manzana de edificios de Barcelona, le fue encargada por el mismo propietario de la tienda Mañach. Para iluminar las oficinas del taller Jujol diseñó unos lucernarios en forma de grandes escafandras de buzo, que, junto con los contrafuertes de ladrillo, componen una cubierta insólita.

Iglesia del Sagrado Corazón

1918-1924

Situada en Vistabella (Tarragona). La estructura y disposición del templo rompen con los moldes entonces en boga. Jujol crea un nuevo tipo de recinto litúrgico donde no pueden desglosarse los elementos integrantes: las naves, la cúpula, el campanario, la aguja... forman una total unidad constructiva. El naturalismo exterior contrasta con el decorativismo interior. La calidad arquitectónica y pictórica de Jujol se ponen de manifiesto en esta obra.

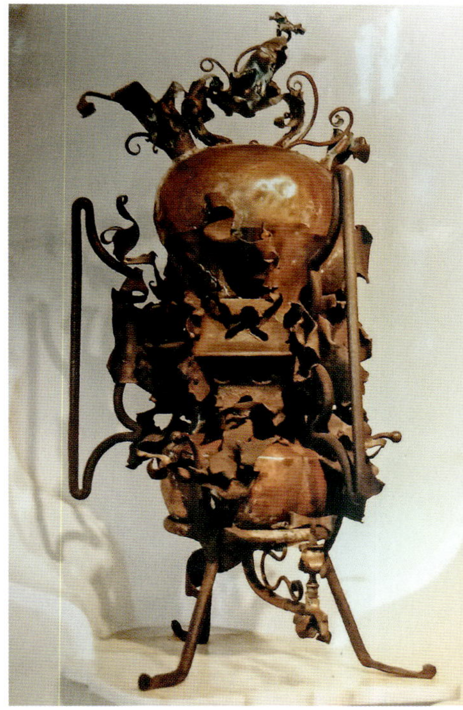

Aguamanil de Casa Andreu

1922

El aprovechamiento de piezas de desecho en manos de Jujol es asombroso. Dos viejos botijos de cobre, unidos por las bases y entrelazados con artísticos hierros, se transforman en un extraordinario aguamanil. En esta mansión, situada en Els Pallaresos (Tarragona), realizó grandes reformas y mejoras, entre las que destaca la fachada con su vistosa puerta.

Casa Planells

1923

Se trata de una construcción de nueva planta destinada a viviendas y situada en una comprometida esquina del Eixample de Barcelona (Diagonal/Sicília). Es un bello edificio, ya alejado de la estética modernista, con curiosas coincidencias con la arquitectura expresionista. Algunos autores ven en la fachada una ondeante bandera sometida a los vientos, igual que en el Teatro Metropol un barco estaba sometido a los embates del mar.

Ermita del Roser

1925-1927

A pesar de los pocos medios materiales de que dispuso en las reformas que le encargaron en la ermita del Roser (Vallmoll, Tarragona), Jujol realizó un trabajo extraordinario, especialmente en el pavimento, donde combina algunas piezas de mármol con el cemento portland. Los dibujos grabados sobre el mármol o el cemento evidencian el dominio del artista –tanto en materiales nobles o modestos– de la geometría, el color y el diseño.

Fuente del Santuario de Loreto

1926

A partir de 1924, Jujol ejerció durante unos años de profesor de escultura en la Escuela del Trabajo de Barcelona. Un buen ejemplo de cómo el artista veía esta disciplina artística es el remate de la fuente del Santuario de Loreto en el pueblo de Bràfim (Tarragona).

Santuari de Montserrat

1926-1935

Situado en el pueblo de Montferri (Tarragona), está dedicado a la Virgen de Montserrat. Es una obra paradigmática de la trayectoria profesional de Jujol, aunque él no la pudo ver acabada: se interrumpió debido a la falta de fondos y a la Guerra Civil y no fue inaugurada hasta 1999. En esta obra, Jujol, en su madurez profesional, demuestra todos sus conocimientos arquitectónicos y sensibilidad religiosa. La estructura se sostiene con ciento veinte arcos catenarios y tiene forma de barco orientado hacia Montserrat. Utiliza bloques de cemento, arena y carbonilla fabricados en el mismo lugar por los propios vecinos. Jujol diseñó una aguja central coronada por una cruz, rodeada de varias cúpulas de medidas y formas diversas que semejan el perfil montañoso de Montserrat.

Fuente de la Plaça d'Espanya

1928-1929

Es la Fuente Conmemorativa de la Exposición Internacional de Barcelona de 1929, situada en el centro de la Plaça d'Espanya, a las puertas de entrada al recinto. Se trata de un encargo que ganó por concurso público y dispuso de muy poco tiempo para realizarlo. Estilísticamente se trata de un monumento de marcado clasicismo abarrocado, aunque muchos detalles de libre interpretación de Jujol, lo dotan de una gracia especial.

Parroquia de Sant Salvador

1947

Entre otros trabajos, en el recinto del templo del pueblo de Els Pallaresos (Tarragona), realizó, en la capilla de San Antonio de Padua, unos hierros característicos de Jujol a manera de peana que sostiene la imagen del santo; y unos candelabros del mismo metal. El dominio del hierro es característico en Jujol.

Mas Carreras

1941-1946

En la capilla del Mas Carreras, situado en Roda de Berà (Tarragona), Jujol, después de una valiente transformación arquitectónica, realizó personalmente vistosas decoraciones murales de atrevidos colores (1945). La masía, con importantes intervenciones de Jujol, fue arrasada en 1988.

1852	Nace Antoni Gaudí i Cornet.
1873	Gaudí ingresa en la Escuela de Arquitectura.
1877	Colabora con el arquitecto Francisco de Paula del Villar.
1882	Colabora con Josep Fontserè.
1878	Gaudí obtiene el título de arquitecto.
1878	Farolas Plaça Reial, Barcelona.
1878 1880	Casa Vicens, Vila de Gràcia, Barcelona.
1878 1882	Fábrica La Obrera Mataronense, Mataró.
1879	Farmacia Gibert, Barcelona.
1879 1881	Altar y mosaico, Colegio Jesús María, Barcelona.
1879	Nace Josep Maria Jujol en Tarragona.
1880	Proyecto iluminación Muralla de Mar, Barcelona.
1880 1882	Altar y sitiales, Capilla Jesús María, Tarragona.
1883 1885	Casa Máximo Díaz de Quijano "El Capricho", Comillas, Santander.
1884	Templo Sagrada Familia, cripta (iniciada por Villar).
1885 1889	Palau Güell, Barcelona.
1887	Finca Güell, puertas y pabellones. Les Corts, Barcelona.
1887 1895	Palacio Episcopal de Astorga, León.
1888	La familia Jujol se traslada a la Vila de Gràcia.
1889 1894	Colegio Santa Teresa, Bonanova, Barcelona.
1891	Jujol empieza el Bachillerato.
1891 1893	Abside del Templo de la Sagrada Família, Barcelona.
1891	Inicio Fachada del Nacimiento de la Sagrada Familia.
1892 1894	Casa Fernández Andrés, "Casa Botines", León.
1893	La familia Jujol se traslada a Barcelona.
1896	Jujol ingresa en la Facultad de Ciencias Exactas.
1898 1904	Casa Calvet, Barcelona.
1898 1914	Iglesia de la Colonia Güell.
1898	Jujol ingresa en la Escuela Superior de Arquitectura.
1900 1902	Torre Bellesguard, Barcelona.
1900	Inicio obras Park Güell, Barcelona.
1902	Entrada y muro, Finca Miralles, Barcelona.
1904	Primer Misterio de Gloria, Montserrat.
1904	Taller Hermanos Badía. Barcelona.
1904	Inicio reformas Catedral de Mallorca.
1905	Inicio reformas Casa Batlló, Barcelona.
1905	**Empieza la colaboración de Jujol con Gaudí.**
1905 1906	Siguen las obras de Casa Batlló, Barcelona.
1905 1914	Restauración Catedral de Mallorca.
1905 1910	Casa Milà, Barcelona.
1906	Jujol obtiene el título de arquitecto.
1906	Gaudí se traslada a vivir al Park Güell.
1907	Decoración del Salón de los *Jocs Florals*, Barcelona.
1908	Homenaje al rey Jaime I, Barcelona.
1908	Viaducto de Bellesguard, Barcelona.
1909	Escuelas de la Sagrada Familia, Barcelona.
1910	Farolas Conmemorativas, Vic.
1910	Exposición en la Société Nationale des Beaux Arts, París.
1911	Gaudí enfermo se traslada a Puigcerdà.
1926	Finalización campanario dedicado al apóstol Bernabé, Sagrada Familia.
1926	Muerte de Gaudí.

Cronología basada en la recopilación realizada por Ràfols Fontanals en 1952 y complementada por el autor.

VV. AA. *L'Art Català Contemporani*. Barcelona, Proa-Aymà, 1972.

VV. AA. *L'Ateneu i Barcelona.* Barcelona, RBA, 2006.

Bassegoda Nonell, Juan. *El Gran Gaudí.* Sabadell, Ausa, 1989.

Bassegoda Nonell, Juan. *Gaudí, espacio, luz y equilibrio.* Madrid, Criterio Libros, 2002.

Bassegoda Nonell, Joan. *Josep Bayó Font, contractista de Gaudí.* Barcelona, Edicions UPC, 2002.

Cantarellas Camps, Catalina. *La renovación de la industria cerámica en Mallorca: La Roqueta*. Palma, Conselleria de Cultura, 1985.

Cirici Pellicer, Alexandre. *El Arte Modernista Catalán.* Barcelona, Aymà, 1951.

Descharnes, Robert. *La visió artística i religiosa d'en Gaudí.* Barcelona, Aymà, 1969.

Jujol, Josep Maria junior. *Jujol un artista completo.* Barcelona, COAC, 1974.

Jujol, Josep Maria junior. "Jujol-Gaudí, Gaudí-Jujol", en *Rivorubeo*. Riudoms, 2002.

Llabrés, Pere-Joan. *Gaudí a la Catedral de Mallorca.* Sant Lluís, Triangle, 2005.

Llinàs José. *Josep M. Jujol.* Colonia, Taschen, 1996.

Martinell, Cèsar. *Gaudí, su vida, su teoría, su obra.* Barcelona, COAC, 1967.

Maspoc, Mònica. *Galeria d'autors (Ruta del Modernisme)*. Barcelona, Ajuntament de Barcelona, 2008.

Pujols, Francesc. *La visió artística i religiosa d'En Gaudí*. Barcelona, Quaderns Crema, 1996.

Ràfols Fontanals, Francesc. *Gaudí 1852-1926*. Barcelona, Aedos, 1952.

Sagristà, Emilio. *Gaudí en la Catedral de Mallorca.* Castellón de la Plana, Sociedad Castellonense de Cultura, 1962.

Solà-Morales, Ignasi de. *Jujol.* Barcelona, La Polígrafa, 1990.

JVJOL & GAUDÍ

English translation

Foreword

All the movements founded in the late nineteenth century by young European architects in order to escape the sterile eclecticism prevalent across the continent, stem, in one way or another, from the Arts and Crafts, an ambiguous, progressive and somewhat retrograde British movement that drew inspiration from medieval art and emerged in the middle of that century. Its novel concepts of design and domestic architecture — the house as a work of art where everything was purpose-built by its architect — influenced to a great extent, although without its original medieval influences, the innovative approaches to design that were springing up in the most restless and dynamic countries of Europe. This was the case with Belgian and French art nouveau, the German Jugendstil, the Austrian Sezession, and the Italian Liberty.

In Barcelona things were more complex. It was a city eager to take part in the architectural debates on the rest of the continent that, throughout its history, Spain, a southern European country, had never been involved in.

If we turn our attention to architecture, it is important to remember that, until 1875, Barcelona didn't have a school dedicated to this discipline and lacked a key instrument to provide the right professional setting that would have a specific influence. Its first director, Elies Rogent, was one of the many European followers of the theories of the French architect Viollet-le-Duc and responsible for the drift towards the tenets of his architecture that prevailed at this school for decades. Viollet-le-Duc's Gothic style fitted in well with the sentimental medievalism that was pervading Catalan culture at the time and revealed itself, to a greater or lesser extent, in the architecture of those decades.

Viollet-le-Duc was a staunch defender of Gothic architecture, although, from a formal viewpoint, he deemed it completely unsuited to the nineteenth century. However, he did believe that valuable lessons could be learnt from its functional and rational principles and be applied to the modern architecture of his day.

And that wasn't all. At a time when architectural ornamentation was a central theme of debate and many movements, like the Arts and Crafts, considered it almost synonymous with architecture itself, Viollet-le-Duc viewed it as intrinsically subordinate to the discipline. He used a grammatical simile to summarise the purpose of decoration in architecture as being similar to accents over words.

The theories outlined here had a strong impact in Barcelona. Suffice to say that Viollet-le-Duc's most important work, the *Dictionnaire raisonné de l'architecture française du XI*^{e} *au XVI*^{e} *siècle* (1854-1868),

P.4

Drawing by Ràfols Fontanals.

P. 6

Postcard dated 1911 showing the section of Passeig de Gràcia known as the "manzana de la discordia" (block of discord), so named because it features buildings in disparate styles by three leading Modernista architects: Domènech i Montaner (Casa Lleó Morera), Puig i Cadafalch (Casa Amatller) and Gaudí (Casa Batlló).

P.8

The Mañach shop (Barcelona, 1911). Drawing of the façade, photograph of the interior and stamp.

P.10

Can Negre (Sant Joan Despí, Barcelona, 1915-1926). Detail of the sgraffito work on the façade.

was found in most Catalan architects' libraries and considered a "Bible" at the city's School of Architecture where it was used by students as a permanent source of reference. However, the influence of the Arts and Crafts movement, followed by art nouveau, and the far-away Sezession, gradually crept in, as these movements became known in Barcelona. This amalgam of diverse yet opposing views formed the basis of so-called modernist architecture, a universally accepted term coined, and often misused, because it was associated with Catalonia's home-grown art nouveau movement, Modernisme, which was a distillation of the late nineteenth-century movements mentioned above.

Given its peculiar origins, Modernista architecture was particularly syncretic, not to say eclectic, and had the least theoretical baggage of all the European styles. It was also the most recent and longest lived.

At the height of its splendour, in 1906, Josep M. Jujol was twenty-seven and completing his architecture degree. He was breaking into the professional Barcelona scene which gravitated towards two influential figures: Domènech i Montaner and Gaudí. Both of them stood for two different ways of viewing architecture and were at the height of their fame. That same year, both had begun work on two important, almost adjacent, houses on Passeig de Gràcia: the Casa Lleó Morera and Casa Batlló, respectively, which amply demonstrated their great stylistic differences.

In his student's drawings, Jujol had begun to show early signs of his preferences and had aligned himself — albeit superficially as one would expect of a novice — with Gaudí's followers. After he had completed his studies and worked for a number of established architects, he was introduced to Gaudí by a mutual friend. This encounter sealed his professional fate as it led to a collaboration with the master that was to last almost two decades.

I don't want to dwell too much on this collaboration as Josep Jujol Junior explores it in greater depth later in this book. However, by way of an introduction, I would like to give a brief outline of his father's personality and his professional standing in the interesting and changing era he happened to live in.

It may seem surprising that such a multi-faceted character as Gaudí — to whom Domènech i Montaner once blurted out "No el cansa de fer de geni tot el día?" (Don't you get tired of being a genius all day?) — needed associates. It is nonetheless true that he employed them throughout his life. It is a well-known fact that the artistic collaborations that have taken place throughout history have often been a source of controversy among scholars. Gaudí's collaborations with other architects also raise many questions: from the ambiguous nature of their job description — should we consider them associates, collaborators, helpers or simply followers? —, their remuneration, if there were any, to Gaudí's personal relationship with these architects who became younger and younger as he advanced in years. Or the most thorny question of all: to what extent did he use them to appropriate the ideas they sometimes gave him?

There can be no doubt that Gaudí always knew how to attract talented associates and proved himself to be adept at assessing the professional skills of each of them. He only entrusted them with complementary aspects of his projects — they were never involved in the nitty-gritty of his architecture — but he knew how to choose the ones best suited to the task. He certainly made a wise choice with Jujol — a born colourist — when he gave him free rein with the colour scheme at Park Güell and saw his great talent in this field.

Nobody who worked with Gaudí could escape his influence and while Modernisme remained in vogue, all his associates revealed, to a greater or lesser extent, Gaudí's influence in their projects.

This was also the case with Jujol, but in this instance, neither the pecking order that may have arisen from the twenty-seven-year age difference between both architects, nor the powerful imprint of the master and the years they worked together, managed to cancel out Jujol's artistic personality. Quite the contrary: he managed to carve out his own distinctive architectural style. He found himself by working in Gaudí's shadow.

This is clearly shown in his first commission dating from 1911: the small shop, Mañach. Now demolished, it was a compendium of his architectural language: spatial dislocations, linear graphics in a vibrant rococo style, a "colour storm" on walls and ceilings, and an intense expressionist atmosphere whose power is still conveyed by the photos of the time. Jujol continued to explore this bold language throughout his career despite the fact that it was often restricted in his other, more modest, projects.

When he was working with Gaudí, Jujol had access — albeit through the back door — to wonderful commissions from the Catalan bourgeoisie, where time and money were no object. However, his private commissions came from clients with much tighter budgets. In Barcelona, they consisted of small property developers and the occasional family member, and, in his home town of Tarragona, and its county, affluent farmers, rural priests and small religious communities. The aesthetic ambition and boldness of his projects didn't fit in with his clients' scant resources.

This frustrating professional situation forced him to combine his work as an architect with teaching at the School of Architecture and School of Work to supplement his income.

Jujol's architectural projects are scattered geographically between Barcelona and Tarragona. More often than not they consist of small-scale, often minimal, interventions, which, nevertheless, reveal flashes of his talent. In Barcelona, he had to accept some low-profile, markedly commercial commissions to which he managed introduce — almost when the client wasn't looking — some traits of his artistic personality. Throughout these works, a sgraffito motif — often made by himself —, an iron balcony, a floor, or perhaps walls painted in unusual colours, bear his stamp.

His clients' limited resources meant that Jujol was an architect entrusted with renovation projects. Contrary to the generally established idea that these projects are of scant interest, it is important to point out that in the case of Modernisme, renovations gave rise to extremely important buildings — such as, for instance, the Casa Batlló — and became the standard way of adapting an old building to the new architectural parameters of the day.

Jujol's renovations number among his finest works. The Casa Negre, which transformed a run-of-the-mill village farmhouse into a highly lyrical, rococo fantasy, and the Casa Bofarull, which I consider to be his masterpiece, with its stunning twin façade and sophisticated rusticity stemming from Jujol's deep attachment to his land, more than justify this critical appraisal. Many of his projects were never completed but they exude all the charm of the unfinished — like a great painter's painstakingly worked, yet incomplete canvases — and the contrast between the existing parts and those added on further underline Jujol's great sensitivity as an artist. There is an architecture that seems destined to be solely appreciated by architects: an architecture just for them. Jujol's is, first and foremost, an architecture for artists.

Modernisme, and its European offshoots, were transgressive movements, and, as such, destined to be short lived. A society on the verge of change soon began to tire of their intensity and almost stifling aestheticism and the outbreak of the Great War, in 1914, hastened their demise.

While art nouveau was the subject of derision and condemnation in Europe, Modernisme remained in vogue for a time in Catalonia due to its extreme popularity, although it was confined to an increasingly provincial milieu. However, it wasn't long before it too was rejected by the post-war generation who, along with those in the rest of Europe, turned their attention to very different, ground-breaking designs.

By 1920, Modernisme had been totally discredited and, like many young architects at the time, Jujol had to face the radical changes in the tastes of society and consider the type of architecture he would have to practise from then on. The Modernista patriarchs responded tersely to this dilemma. With no new commissions in the pipeline, Gaudí devoted himself full time to the Sagrada Família, a project with no completion date that allowed him to reflect endlessly on its development. Domènech entrusted the work underway at the Hospital de Sant Pau to his son and retired to Canet de Mar to devote himself to studying medieval heraldry. Puig i Cadafalch, who was twenty years younger than Gaudí and Domènech, and at the height of his creative powers, had to reinvent himself and developed an architecture with Secessionist influences reinvigorated with motifs drawn from the Catalan baroque.

The most forward-looking young architects turned their sights towards Italy and redirected local architecture towards vaguely classical parameters, at times with a nod to the Florentine style and, at others, with a nod to a suitably mannered Catalan popular style. This gave rise to a style known as Mediterranean — an adjective in vogue that seemed to say everything, yet nothing, at the same time — that developed under the auspices of Noucentisme, the new cultural regeneration project created by the Catalan bourgeoisie of the 1920s and defined as "a traditional revolution" by its chief ideologue, Eugeni d'Ors.

Unlike his contemporaries, Jujol didn't change his architecture — because he couldn't, or didn't want to forego his personal style — and continued to plough his own furrow with an ever-decreasing customer base. In the last few years of his life, in the period just after the Spanish Civil War, it comprised members of the religious community whose conservative mindset was reluctant to embrace modernity but gave a good reception to his pared-down style redolent of Gothic architecture.

No matter how much we may think that those who followed the course of Modernisme inhabited a closed world impervious to the architectural trends of the day, their aesthetic self-absorption didn't mean it was unaware of them. Barcelona was kept abreast of developments in architecture in the rest of Europe through a growing number of architectural journals. This means that Gaudí was aware of Le Corbusier, although he was diametrically opposed to his way of thinking. In fact he is known to have said of him "aquest home té mentalitat de fuster" (this man has a carpenter's mindset). This would explain why Jujol's projects from the 1920s give the nod to what was happening in Europe while staying true to his bold aesthetic credo. This is something that cannot be put down to mere coincidence.

The desire to classify that has dominated the history of art since the eighteenth century, and, by extension, the history of architecture, is often powerless when confronted by artists who defy pigeonholing. Jujol is certainly one of these and his quirkiness in the Modernista canon led him to be ostracised by the critics and, as a result, to fall into oblivion.

When all the late-nineteenth century artistic movements began to be reappraised in the 1950s and Gaudí was "discovered", it did Jujol no favours when he became known as his associate. His interventions were highly praised, to the extent that they were often thought to be original works by Gaudí, but this only served to blur the lines between his actual designs and those that were not, leading him to be considered a mere adjunct of Gaudí's. This wasn't helped by the fact that his small-scale, grand designs were dispersed over different land masses, and nor did the fragility of the materials used, which although part of their charm, contributed, in no small way, to their poor state of repair during the above decade. This is why it took some time for Jujol to be recognised as a great architect. Today this is an epithet nobody would dare call into question and this book provides compelling evidence that bears it out.

David Ferrer, architect

P.12

Casa Bofarull (Els Pallaresos, Tarragona, 1914-1931).

Introduction

The artistic collaboration between Antoni Gaudí (1852-1926) and Josep Maria Jujol (1879-1949) has given the world history of art in general, and the history of architecture in particular, some of the most distinctive and revolutionary landmarks of the early twentieth century. This has been borne out by UNESCO, which has placed them on its World Heritage list. This is the case of Park Güell, La Pedrera and Casa Batlló, to name just three.

There is no doubt that the rapport shown in their collaborations — despite the fact that Gaudí was almost thirty years older — was due to their mutual respect and admiration for their respective works. Gaudí and Jujol must also have been very much in tune, not just on artistic matters but also in their ideas and opinions about life in general and religious beliefs in particular.

Gaudí and Jujol's personal relationship was helped a great deal by their shared biographies: they both hailed from the Camp de Tarragona, one of Catalonia's most clearly demarcated and historic regions (Gaudí was born in Riudoms, Jujol, in Tarragona), which had awoken their passion for open spaces and nature; they both soon moved to Barcelona (Jujol as a child and Gaudí as a young man) where they studied architecture and lived through a period that extolled the virtues of Catholic and pro-Catalan values; in their youth, they both devoted part of their studies to medieval Catalan architecture, a symbol of a long-gone, glorious past that the cultural and political movement of the Renaixença was drawing attention to; and, as exceptionally gifted students, they both worked with established architects' practices before graduating: Gaudí with Josep Fontseré and Jujol with Antoni Maria Gallissà. This means that, when they met through a mutual friend, Dr Pere Santaló, who had taken Gaudí to see the work being done by Jujol at the Ateneu Barcelonès, they hit it off immediately and Gaudí invited Jujol to join his team.

Jujol did his architectural training at the Barcelona School of Architecture from 1900 to 1905. During his studies his facility for drawing, creativity and mastery and boldness of colour soon became apparent. His fellow student Pericas[1] remembered: "The quality of his we most admired was his memory, which retained everything he had seen, no matter how long ago, as well as his facility for drawing".

During the first year of his studies (1901-1902), Jujol obtained an excellent mark from professor Vilaseca[2] in the subject Drawing Ensembles; that same year he obtained another excellent mark from professor Jaime Bayó[3] in the subject Resistance of Materials. And he obtained a very good from professor Gallissà[4] in the subject Knowledge of Materials.

Since his preparatory year, Jujol had earned a reputation as an excellent draughtsmen and colourist. His serious and respectful demeanour towards his fellow students, and the teaching staff in particular, led professor Gallissà to offer him work in his studio, which Jujol accepted without hesitation. It was here that he completed the project for the decorations of Barcelona's main festival, La Mercè, on Carrer Ferran, the city's most elegant shopping street of the day. He was also given free rein to design the sgraffito work on Gallisa`s project, the Casa Llopis, which survives intact today.[5] Gallissà, the man who had introduced Jujol to the world of construction and art, sadly died on 17th April 1903. Afterwards, the architect Font,[6] a close personal friend of Gallissà's, who was aware of the skills of his friend's young helper, invited him to join his studio, at the time when the Ateneu Barcelonès had purchased the Sabassona mansion (1903) with the purpose of converting it into the headquarters of the cultural society.[7] The building work was overseen by Font, but Jujol did most of the designs and supervised the project in its entirety. It was then that he came into contact with Gaudí and began working with him.

The aim of this book is to highlight Jujol's decisive contributions to Gaudí's works, as many of them were forgotten, or given scant importance, after the great architect's death in 1926 until the 1950s when the first real studies by specialists in Gaudí's legacy appeared. These studies also gathered first-hand accounts by both architects' contemporaries about their personal and professional relationship. Essays and monographs are still being published today to clarify the key role Jujol played in particular aspects of Gaudí's projects.

We will see this for ourselves in the chapters on the works both architects were involved in.

P.14

Health spa. Final-year project (1905).

P.17

Palau Sabassona. Renovation of the Ateneu Barcelonès (Barcelona, 1904-1906). The library is now named after Jujol.

P.19

Casa Llopis i Bofill (Barcelona, 1902-1903). Designed by the architect Antoni M. Gallissà, who entrusted Jujol with the design of the sgraffito work on the façade.

1 The words of his fellow student, José Mª Pericas Morros (1881-1965). Conversation with the author in February 1965.

2 José Vilaseca Casanovas (1848-1910). Designer of eclectic-Modernista buildings.

3 Jaime Bayó Font (1873-1961). Architect and brother of the contractor for the Casa Batlló.

4 Antonio Maria Gallissà Soqué (1861-1903). Designer of pre-Modernista buildings.

5 Casa Llopis; València, 339 – Bailén 113. Barcelona. It is in a perfect state of repair.

6 José Font i Gumà (1859-1922). A great collector and scholar of ancient ceramics.

7 The Casal Sabassona, then owned by Julio M. Parellada, stands at 6, Carrer Canuda. Declared a Historic and Artistic National Landmark by Royal Decree 476/1981. The library, now named after Jujol, is included in the Barcelona City Council Heritage Catalogue, Category A.

P.20

Drawings of the Sagrada Família done by Jujol while still an architecture student.

Mutual admiration

At the age of twenty, when Jujol was beginning his studies at the Barcelona School of Architecture, he became curious about Gaudí's work. The year could have been 1899 as this is when we find among his notes meticulous drawings of the confessional and pulpit in the crypt of the Sagrada Família. They are signed and dated. One of them reads "Easter Sunday".

In 1902, Jujol visited the neighbourhood of Les Corts and made drawings of one of the entrances to the Güell family's agricultural estate. He drew the door and a boundary stone bearing the trademark letter 'G' of the owner's surname.

Jujol's curiosity soon turned into admiration. In a drawing from 1903 we can read in the margin "de casa mateix" (done at home) meaning that he had drawn it at home on returning from his visit. It features parts of the apse of the future great church, depicted with great precision. Also dating from the same year are a sketch of the Torre Bellesguard and an interesting drawing of the church of the Sagrada Família seen from the path to La Bohemia,[1] with industrial buildings in the foreground. The young Jujol was obsessive about detail and in the margin of the drawing he notes that the pillars underpinning a roof are sloping and mentions a sign that reads "no admittance".

Next we come across drawings from 1905, when Jujol, who was still a student, was already working with Gaudí.

There must have been something particularly compelling about Jujol for him to attract Gaudí's attention and for him to take on the young architect as an associate and, from the outset, put him in charge of projects unsuited to a "beginner". This is something we shall see in the following chapters.

Gaudí knew how to surround himself with associates who understood and accepted his ideas, and some of them were very important to him. This was the case of Francesc Berenguer, who, following his untimely death at the age of forty-seven, Gaudí described as his right-hand man. However, he had a deeper connection with Jujol. When the prelate Vidal i Barraquer visited the Sagrada Família building site in 1921 accompanied by Gaudí and Jujol, he turned to Jujol at one point and said to him "you are a follower of Gaudí's" to which Gaudí replied in a flash "not a follower: a brother". There can be no greater recognition of the existence of an artistic, personal and spiritual bond with a teacher than to call a young follower "brother". And this can only mean that Gaudí acknowledged in him a talent that complemented and further expanded certain aspects that had not yet appeared in his work.

According to Carlos Flores "(...) Jujol was called upon to be involved in projects Gaudí wanted to showcase the inventiveness and spontaneous creativity (so different from his own) of his young associate: this is the most profound difference between Jujol's interventions and those of any of his other associates. (...) Jujol's involvement consisted of introducing elements to Gaudí's projects and, according to many first-hand accounts, his master accepted, admired, and even enthused about them. Until this time they hadn't featured anywhere in his work."[2]

However, when the canon and historian Pere Joan Llabrés Martorell was speaking about Mallorca Cathedral, he stated: "(...) The decoration broke new ground and became more daring after Jujol had come onto the scene. (...) It was Jujol who clad the back of the royal chapel around the bishop's throne in ceramic pieces. He also decorated the choir stalls with bold paintings."[3]

Gaudí's admiration for Jujol is confirmed by the absolute trust he placed in the young architect's skills and expertise in some of his key works. One such example is the bench in Park Güell, where Gaudí, when asked for advice by his associate, replied: "Didn't I give you carte blanche? Well, then, go ahead, man, go ahead!" This is also borne out by countless first-hand accounts of the day.

Ràfols Fontanals, an architecture student from 1911 to 1916, worked as a draughtsman on the Sagrada Família, and describes this relationship of trust in the wrought ironwork on the balconies of La Pedrera: "It was an exemplary lesson to see Jujol accompany Gaudí to the workshop of the ironsmith Badia, where the ironwork on the doors and balconies of the vast building La Pedrera were made. When they arrived at the workshop, Gaudí looked on approvingly as Jujol, with an astonishing forcefulness and confidence, guided the ironsmiths in twisting and intertwining the pieces of iron."[4]

For his part, Bergós Massó says that: "He did important work for the maestro in the colour schemes of Park Güell, Can Batlló and Mallorca Cathedral and bold wrought ironwork for the Casa Milà, both buildings from Gaudí's most innovative period that no other assistant could bring to fruition except for Jujol."[5]

And Martinell Brunet, another architecture student from 1911 to 1916, concludes: "Jujol would have done what he did anyway, but Gaudí gave him freedom. Jujol had an influence on Gaudí. The proof? The projects he entrusted him with. His style is Modernista-baroque, its most salient feature being the spontaneous use of colour applied seemingly at random."[6]

In addition to the artistic rapport we have just read about in the above paragraphs, Gaudí and Jujol also shared a personal and spiritual bond. When Gaudí commissioned Jujol to colour the model of the Nativity façade to be exhibited at the 1910 Salon des Beaux-Arts in Paris, he stated that if Jujol hadn't shared the same deep-seated religious beliefs that clearly chimed with his own, he wouldn't have been able to apply the colours as he had done.

Moreover, Gaudí always included Jujol, along with many of his other associates, in the celebrations and events associated with the construction of his buildings. One such example is the visit to Montserrat in 1909 to celebrate the completion of the roof of La Pedrera (see p. 24) and the visits by authorities, church leaders and professionals to the buildings underway (see p. 25). They were also invited to other social events, such as Gaudí's visit to the Orfeó Català on 29th June 1922, at the invitation of Lluís Millet, the director of the prestigious choral institution and friend of the architect (see p. 101).

When Gaudí fell gravely ill with Maltese fever in 1911 and had to remain in Puigcerdà (see p. 24), a town in the Catalan Pyrenees that took almost a day to reach from Barcelona at the time, Jujol visited him in person as proof of their close personal relationship.

The surviving pages of Jujol's diaries (see pp. 27-29) contain numerous references to Gaudí in Catalan, confirming their close relationship and the religious beliefs and practices they shared.

The entry for 10th June 1926, the day Gaudí died, uses a few words to express the religious references they believed in. From a mention of the days that have elapsed since the last feast of Corpus Christi, to the saint whose day was being celebrated, in this instance, Saint Barnabas, who is the dedicatee of the only bell tower of the Sagrada Família Gaudí saw completed in his lifetime, and the *miserere nobis* (pray for us).

Another religious practice they shared was the prayer to Our Lady of the Rosary. Gaudí performed it every day and depicted it on the Nativity façade. At Gaudí's wake, a place and time when people have the opportunity to talk about the deceased and their achievements, Jujol remained true to the beliefs he and Gaudí shared. Let Martinell tell us what happened: "I went back at night to watch over his body. There were fewer people than on the previous day. Among those present I remember seeing Bayó and Jujol; the latter suggested we pray for the soul of the deceased and we said the rosary."[7]

Lastly, although Gaudí stipulated in his will that his few belongings be sold and the proceeds go towards continuing building work on the Sagrada Família, he didn't forget his faithful friend and assistant. This is recorded in Jujol's diary entry dated 26th August 1926.

In this chapter, we have shown Gaudí and Jujol's mutual admiration and respect for each other and the beliefs both architects shared. In the following chapters we will see the important and decisive role Jujol played in Gaudí's work. In this regard, we cannot forget the words of one of the most important and influential avant-garde artists of the twentieth century, Antoni Tàpies: "History has had to be rewritten and Jujol put in his proper perspective, as there is no denying the fact that the most interesting pictorial and sculptural elements, that are precisely Gaudiesque, have created more followers in the current avant-garde trends (collage, assemblage, ceramic compositions, wrought iron, the use of poor materials, great inventions of ornamental abstract shapes...) and, to a large extent, are due to Gaudí's brilliant associate, Jujol."[8]

1 *La Bohemia* was a brewery that opened at the beginning of the twentieth century on Carrer Rosselló in the Camp de l'Arpa neighbourhood. In 1910 it changed its name to *Damm*, which it still goes by today.

2 Flores López, Carlos. LES LLIÇONS DE GAUDÍ. Ed. Empúries. Barcelona 2002.

3 Llabrés Martorell, Pere Joan, canon. Conversation with the author about a text he was working on. Palma, 2002.

4 Ràfols Fontanals, Francisco. JUJOL. Cuadernos de Arquitectura, no. 13. 3rd quarter, COAC 1950.

5 Bergós Massó, Joan. L'ART CATALÀ CONTEMPORANI. Ed. Proa-Aymà. S.A. Barcelona 1972.

6 Martinell Brunet, Cèsar. (1888-1973) Architect and historian. Conversation with the author in 1966.

7 Martinell, Cèsar. GAUDÍ Y LA SAGRADA FAMILIA. Ed. Aymà. Barcelona 1951.

8 Tàpies Puig, Antoni. GAUDÍ EN JAPÓN. La Vanguardia, Barcelona 6th June 1989.

Trip to Montserrat 1909

The owner of the Casa Milà organised a trip to Montserrat to celebrate the completion of the roof of the building.

It took place on 13th June 1909, because this was the feast day of Saint Anthony of Padua, the patron saint of architects and bricklayers.

Ràfols Fontanals describes the event in a letter he wrote to Puig Boada on 23rd June and mentions that the trip was first rate. They had reserved two carriages on the train as there were more than a hundred people travelling: bricklayers, plasterers, locksmiths, painters and architects.

In addition to Gaudí, the party included Jujol, Rubió, Bayó, Sugrañes, Canaleta, Bernardino Martorell and the commentator Ràfols Fontanals, who was a student at the time.

They attended Mass celebrated by father Ignacio Casanovas, S.J. who was part of the group. They worshipped the image of the Virgin in her shrine and enjoyed an al fresco meal in the countryside on the way to Sant Joan. A Barcelona restaurant had prepared the meal and distributed it in individual bags. In the evening the group said three Hail Marys to bid farewell to the Virgin and caught the train back to Barcelona.

P.24

Drawing of the town of Puigcerdà done by Jujol in 1911 when he visited the convalescent Gaudí.

Visit to Gaudí 1911

In June, Gaudí fell ill with Maltese fever and travelled to Puigcerdà with his friend and physician Pere Santaló. Jujol went to visit him with his friend Pere Mañach and took advantage of the visit to explore the town. Before he headed back to Barcelona, from Ribas de Freser, he climbed on foot to the shrine of Núria (it is important to remember that there was no train in operation until 1931).

Corporate visit to the church 1915

On 21st March 1915, the Association of Architects of Catalonia visited the building site at the Sagrada Família escorted by Gaudí. Thirty-seven architects enjoyed Gaudí's well-informed explanations in situ. Gaudí's trusted associate, Jujol, was among the party.

P.25

Gaudí is in the centre of the photo, looking at the ground. Jujol is in the foreground with his hands in his pockets.

The 1916 edition of the Anuario de la Asociación de Arquitectos de Cataluña reports: "...Mr Gaudí showed us the main static studies of the church and, with the conviction and clarity of thought befitting a zealous mystic, told us about the liturgical themes that had inspired the composition of this wonderful ensemble."

The death of Gaudí 1926

Antoni Gaudí i Cornet Gaudí died at the old Hospital de la Santa Creu on 10th June 1926, after being knocked down by a tram four days earlier.

We find Jujol's signature, along with those of his sisters, on sheet number 36 of the public book of condolences, which is kept at the Diocesan Archive in Barcelona.

Jujol's diary

Cover of the 1921 diary.

—

A cross is superimposed over the year, highlighting Jujol's Christian beliefs.

Some pages of Jujol's personal diaries have survived and they provide interesting details about Gaudí. Some of the pages feature beautiful examples of Jujol's calligraphy and drawings done for his personal use rather than commercial purposes.

1921, Saturday 17th December.

—

"From the church (coats of arms) 300 pesetas."
This must have been the amount paid for the design of the coats of arms of eminent visitors that decorated the crypt.

1926, Thursday 3rd May.

—

"The most holy day of Corpus Christi", and in the same entry, following Gaudí's death, he adds: "the last day I spent with Gaudí", as Jujol usually accompanied the architect to the Sagrada Família after attending a religious or professional event.

The Corpus Christi procession they attended was at the cathedral. It would be interesting to know what they talked about on their way to the Sagrada Família.

1926, Thursday 10th June.

—

"Eighth day of Corpus Christi. Gaudí died at a quarter past five. R.I.P. Saint Barnabas the Apostle (bell tower) *miserere nobis*".

Indeed, the only bell tower completed during Gaudí's lifetime was the one dedicated to Saint Barnabas. Gaudí died on the saint's feast day.

1926, Thursday 17th June.

—

"Funeral of Antoni Gaudí Esq. R.I.P."
According to *La Veu de Catalunya*, of 17th June 1926: "Every half an hour, from 6am to 12 noon, Mass was said at the Church of Atonement of the Holy Family that he built with such love."

Jujol attended one of them, perhaps the solemn funeral Mass held at 10am.

1926, Friday 20th August.

—

"Received from Father Parès the bequest of Antoni Gaudí Esq. 2,000 pesetas. R.I.P.".
Father Parès was the priest at the church and Gaudí's executor. Jujol remembered it as such, and not, as some suggest, as money owed for work he had done. This is because Gaudí would never have considered it appropriate and wouldn't have included such an item in his will.

P.26

15th June 1926. Gaudí's burial procession arrives at the Sagrada Família.

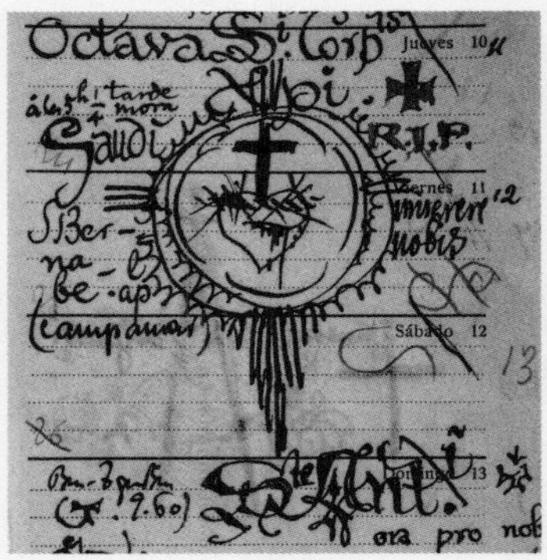

P.27

Jujol's diary.

Main buildings

Casa Batlló 1904-1906

P.32

According to the architect Masayuki Irie, "Jujol brings life and colour to Gaudí's work."

P.35

Detail of the tower.

P.36

The Casa Batlló project involved renovating an existing building. Gaudí's main intervention was to radically alter the façade. Jujol played a decisive role in the decoration.

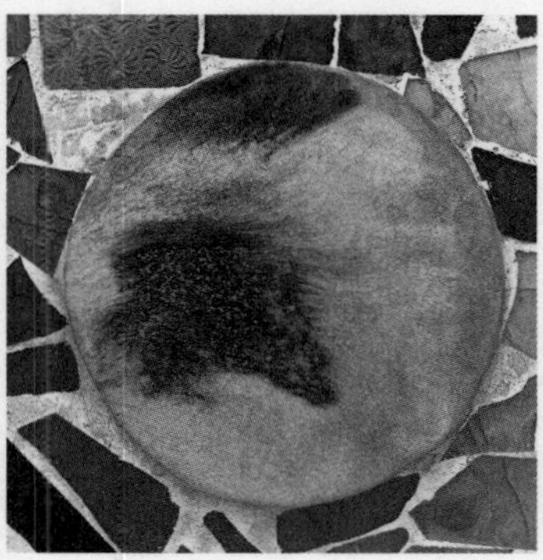

P.39

The combination of ceramic discs and glass *trencadís* creates a harmonious and balanced mix of rich and subtle colours.

In his biography of Gaudí, Martinell writes the following about his assistants: "José Maria Jujol was another associate who merits special attention. In his account, Bayó says that he suggested Jujol be appointed Gaudí's assistant when he was one of his students at the Barcelona School of Architecture. He soon gained the admiration and trust of the great architect, to the extent that he entrusted him with the decorative aspects of the project."[1]

Jujol studied the following subjects under Bayó: the Resistance of Materials during the 1901 to 1902 academic year; Hydraulics during the 1902 to 1903 academic year; and Machines and Engines during the 1904 to 1905 academic year. He obtained excellent marks in the first two and a very good in the third.

Although these were technical subjects, they also allowed Bayó to discover his student's personal and artistic qualities: "Every member of staff talked about the extraordinary draughtsman and colourist Jujol, and he was highly regarded and known throughout the school."[2]

The professor Jaime Bayó Font was the brother of the contractor José Bayó who had been working on the Casa Batlló since 1904. At the time Jujol was working on the Ateneu Barcelonès, where he encountered a keen member of the cultural society and friend of Gaudí's, Dr Pere Santaló, who must have spoken to Gaudí about his admiration for Jujol after seeing him work as an architect despite having not yet qualified (he did so in 1906). Their shared opinions led Gaudí to show an interest in the young architecture student and he invited him to join his team. The intelligent and observant Gaudí soon appreciated Jujol's qualities: simplicity, humility, knowledge, spontaneity, sincerity, religious belief and love of work. These aspects made up his exemplary and trustworthy personality. Moreover, the fact that they both hailed from the Camp de Tarragona, as we mentioned earlier, leads us to assume that Jujol was the ideal artist to work with him.

Gaudí put Jujol's skills to the test at the Casa Batlló and the results were excellent. He told him about his ideas for the decoration of the main façade and the newly arrived assistant was enthused by the idea. Gaudí was so impressed by his input that he entrusted him with the project which, according to first-hand accounts, commenced in 1906. The result was a harmonious and balanced blend of rich and subtle colours showcasing the trademarks of Gaudí's work: geometry and repetition. If we compare the rear façade and chimneys designed by Gaudí with the main façade it is clear that they are not the work of the same person. This is borne out in first-hand accounts by Jujol, an upstanding, fair-minded citizen incapable of taking credit for somebody else's work. According to the architect Masayuki Irie, "Jujol brings life and colour to Gaudí's work."[3] Jujol brought about an evolution in Gaudí's decorative style.

Jujol was also involved in some of the carpentry work and the candelabras and liturgical objects in the Batlló family's private chapel. They were sculpted life size in clay by Jujol.

According to the architect Ràfols Fontanals, who witnessed the events: "Gaudí trusted Jujol's sense of colour implicitly and he invited him to work on the Casa Batlló on several occasions..."[4]

Jujol's contributions to the building attracted a great deal of attention and Gaudí made no attempt to keep them under wraps. We see Gaudí and Jujol, the two main architects of the project, sharing a table with Mr and Mrs Batlló at the inaugural banquet. If Jujol hadn't played an important role in the project, he wouldn't have been invited.

The Casa Batlló marked the beginning of a shift towards a bolder, lighter, less geometric style in Gaudí's work and we can assume this was down to Jujol's influence.

1 Martinell, Cèsar. *Gaudí, su vida, su teoría su obra*. COAC. Barcelona 1967, p. 409.

2 In the words of Eduardo Balcells Buigas, architect, who studied in the year above Jujol. Conversation with the author in 1965.

3 Masayuki Irie, architect, lecturer at Waseda University, Tokyo 2002.

4 Ràfols Fontanals, Francisco: GAUDÍ, 1852-1926. Editorial Aedos. Barcelona 1952. p. 190.

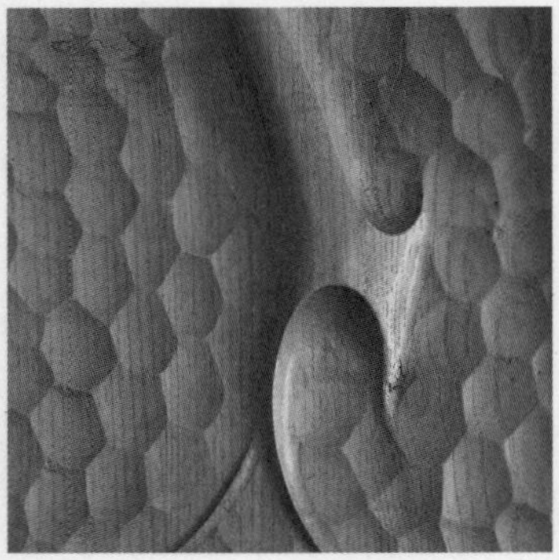

P.40

Detail of woodwork on a door on the first floor of the house.

P.41

Door handle and candlestick for the chapel on the first floor.

Church of the Sagrada Família

1905-1926

As soon as Jujol had joined Gaudí's team, he became a frequent visitor to the studio where the great architect and his assistants were working, but he still attended lectures at the School of Architecture. He didn't have a fixed timetable as he was given specific commissions and paid according to how much work he had done. This gave him greater freedom and enabled him to combine his studies with work. He was still working with Josep Font i Gumà (1859-1922), although to a lesser extent.

His reputation as an excellent draughtsman and colourist led to him being asked to design two brightly coloured signs, two examples of which survive today: one of them on the door leading into the building and the other on an alms box which also features a carpenters plane, a reference to Saint Joseph, and is inscribed with the 'M' for Mary and the cross of Jesus, symbolising the Holy Family (Sagrada Família). The lettering on these signs, which is so unlike anything Gaudí or his assistants would have done, earned him the great architect's enthusiastic approval.

The neighbourhood was growing, as was the number of worshippers regularly attending religious services, and, in 1907, this prompted the bishopric of Barcelona to declare the church crypt parish property. This made it necessary to create a seal to validate the new parish documents. Gaudí had no doubt about who should design it: the young Jujol, the man who had created the eye-catching signs. The seal is made up of the text "Tenencia Parroquial de la

Sagrada Familia Barcelona" (Parish Property of the Sagrada Família Barcelona), which forms a spiral in the centre of which are placed the initials of the Holy Family JMJ (Jesus, Mary and Joseph), with a long and stylised cross running through them. The cross spells out the 'T' of the word 'tenencia' while also reminding us of a sword, the sword of sorrow that pierced the heart of Christ's mother during the Passion and death of her son. The critics immediately derided the design as hard to read, but the quick-witted Gaudí sprung to Jujol's defence by saying: "Seal comes from the Latin *sigillum*, meaning secret and, therefore, it is appropriate."

Throughout his long association with Jujol, Gaudí responded to the critics by expressing his admiration for, and lavishing praise on his work. Gaudí must have been delighted to have asked this bold and competent artist to join his team.

Eusebi Güell suggested Gaudí take part in the Salon des Beaux-Arts in Paris in 1910. In one of the galleries he displayed eleven large-scale elements in plaster alongside large-format photographs of certain features of the church and a large plaster model of the Nativity façade, made specially for the occasion and painted by Jujol.

According to Cèsar Martinell, who frequented the workshop where Jujol — his teacher at the School of Architecture — was working, described the model thus: "Most of the great archivolt around the door of Charity is painted in shades of blue, to remind us of Christmas Eve; the door of Hope is painted green, and the door of Faith is ochre. The colours are overlaid with white almond blossom, stars and other decorative and symbolic motifs, as well as images painted in their natural colours. The bell towers were left unpainted relying on time and oxidation to give them their natural colours. However, Jujol painted the inscriptions to harmonise with the other coloured elements such as the life-like cypress tree covered in leaves made from green-glazed ceramics and the letter Thau at the top in red." We have to thank the then architecture student for this first-hand account of the way Jujol applied colour to the model of the church.[1]

When he was talking about the model, Joan Bassegoda Nonell provided the following information: "When he (Gaudí) had finished he said to Bordàs (a student who was a draughtsman at the church) that, without his profound religious convictions, Jujol wouldn't have been able to colour the model as he had done."[2]

The model was kept at the studio in the church until revolutionaries destroyed it in 1936. Nevertheless, large sections survived and were used in its partial reconstruction in 1987. It is currently on display at the church museum, the Museu de la Sagrada Família.

Continuing with the colour theme, Jordi Bonet i Armengol, an architect and former student of Jujol's and works manager on the Sagrada Família from 1985 to 2012, points out: "With Gaudí's ideas, he (Jujol) went further with his colours. His work in other areas outside the field of architecture is well documented."[3]

Moreover, Saint Joseph had been named patron saint of the Universal Church in 1870 by Pope Pius IX. To mark the fiftieth anniversary, a series of festivals and pilgrimages from different dioceses in Spain were held from 1920 to 1921, usually accompanied by their respective prelates.

Gaudí came up with the idea of honouring the church dignitaries who visited the Sagrada Família by placing their coats of arms at the entrance. At the end of their visit, the coats of arms were attached to the pillars inside the crypt. They were all built under Jujol's supervision and he was actively involved in the project, adding a personal touch by painting them in his own distinctive, eye-catching style. According to José Gargallo Porta, who was there at the time, they were about 1.6 metres high and 1 metre wide. They were made from pieces of wood and cardboard glued together, with the ecclesiastical hat, known as a capello, with its tassels representing the office of the person leading the pilgrimage: bishops, archbishops, cardinals... According to Gargallo, as the years went by, the number of coats of arms grew in number to eighteen.[4]

P.42

Postcard of 1926. Photography L. Roisin.

P.43

Right-hand page. Above, sign for an alms box (c. 1906) and seal (1907) for the parish of the Sagrada Família.

There are records of some of the people who visited the church: the papal nuncio in Spain, Monsignor Ragonessi and the bishop of Barcelona, Dr Reig in 1915; the bishop of Barcelona, Dr Guillamet, the abbot of Montserrat, Dom Antonio Maria Marcet, the bishop of the Seu d'Urgell and co-prince of Andorra, Dr Guitart, the bishop of Vic, Dr Muñoz, the bishop of Solsona, Dr Comellas, and other bishops from Spain in 1920; the archbishop of Tarragona, Dr Vidal i Barraquer, in 1921; and the papal nuncio in Spain, Dr. Federico Tedeschini, in 1922.

Unfortunately all the coats of arms were burnt by anarchists in the 1936 uprising. The only surviving images of the coats of arms can be seen in the photos of the crypt and we can just make out Jujol's incredible work that filled Gaudí with such admiration.

The doves decorating the cypress tree on the Nativity façade are another of Jujol's contributions to the Sagrada Família. Gaudí was a meticulous man who liked to depict elements from nature faithfully. He wanted Jujol to use a real dove as his model so he had one of his workers release a dove into the air tied to a piece of twine while Jujol drew its different positions in flight. The bird was also held by its wings so Jujol could draw it from the front.

Jujol used his sketches to sculpt a series of life-size clay models of the dove and moulds were taken from these sculptures by the mould makers. The cypress tree on the façade with Jujol's ceramic doves perching on the leaves, was placed on the façade after Gaudí had died. Jujol wasn't involved as he was no longer working on the church because it had dispensed with his services following the architect's death.

Given the rapport between Jujol and Gaudí, the reason for this decision isn't easy to understand. Here are the views of some experts.

According to the philosopher, writer and art critic, Francesc Pujols Morgades: "(...) the cathedrals of the future would be willing to pay to have such a deeply rooted and profound artistic value as Gaudí's stunning cathedral does and the cathedral would have been complete had Jujol's services been retained. Jujol is capable of doing what Gaudí did (...) and could continue to imbue the cathedral with the life Gaudí had given it had we entrusted it to him. This is what we are calling for from *La Veu de Catalunya*."[5]

The architect and journalist José María Montaner wrote: "The young Jujol was the trigger and catalyst for Gaudí's great transformation. The reason why Jujol wasn't entrusted with continuing work on the Sagrada Família is an unfathomable mystery. He is the only one who could have done it with authenticity."[6]

P.44

Gaudí commissioned Jujol to colour the model to be exhibited at the 1910 Salon des Beaux-Arts in Paris. He said of Jujol's work "Without deep-seated religious beliefs he wouldn't have been able to apply the colours as he did."

P. 46

On right, above the pillars in the crypt, cardboard and wood coats of arms (no longer there) of the church dignitaries who visited the Sagrada Família, similar to the ones Jujol made for the church in Vistabella (top left).

P.47

Photograph of a dove being held by its wings. Gaudí regularly used photography to capture living beings in motion.

P.49

Another photograph of the dove. Jujol used these images to sculpt the life-size clay models of the doves on the cypress tree (left-hand page) above the door of Charity on the Nativity façade.

According to the architect, publicist and former student of Jujol's, Oriol Bohigas Guardiola: "The lack of followers is most clearly shown in the building disasters at the Sagrada Família. After Gaudí's death, there was only one architect capable of continuing the project with the necessary impetus, and overcoming sterile repetitiveness, an architect who was his only true follower: Jujol."[7]

1 Martinell, Cèsar: GAUDÍ, Su vida, su teoría, su obra. COAC. Barcelona 1967. p. 305.

2 Bassegoda Nonell, Juan: EL GRAN GAUDÍ. AUSA Editor. Sabadell 1989. p. 551.

3 Bonet Armengol, Jordi. Conversation with the author in 1966.

4 Gargallo Porta, José: REVISTA TEMPLE. July-August 2001, no. 135, p. 7.

5 Pujols Morgades, Francesc. LA VISIÓ ARTÍSTICA i RELIGIOSA D'EN GAUDÍ. Quaderns Crema, Barcelona 1996 (the original text was published in 1927).

6 Montaner, José María. "Después del Movimiento Moderno" in *La Vanguardia*, Barcelona.

7 Bohigas Guardiola, Oriol. MISCELANEA GAUDÍ. Ajuntament de Barcelona, 2002.

Casa Milà

1906-1912

Jujol's involvement with the Casa Milà consisted of the plasterwork, ironwork and sculptural elements. He also supervised the completion of the chimneys designed by Gaudí who had abandoned the project after falling out with the owners.

When we talk about Jujol's involvement in Gaudí's work, we always base ourselves on Jujol's own comments. As we mentioned before, Jujol was a fair man and a stickler for the truth: if he had designed or made something, he said so and had no interest in taking credit for other people's work or work he didn't have a hand in. When we look at Gaudí's eye-catching structures, Jujol's frequent remarks to his wife and children give us a greater insight into his collaborations with Gaudí. We also draw on conversations with the people who were there at the time, such as the then architecture students, Ràfols and Martinell.[1]

P.51

Postcard dated 1911.

Which ceilings did Jujol use as a vehicle for his bold sense of colour and design? We don't actually know. However, if we look closely, we'll see that some of them reveal a bold sense of movement we don't find in any of Gaudí's interventions. Martinell told us that he had seen Jujol perched on the scaffolding giving orders to the plasterer, and Gaudí wasn't there. There is no doubt that Gaudí and Jujol shared the work for designing the ceilings and we would venture to say that some of the plasterwork on the upper floors is based on Jujol and Gaudí's ideas. This explains why they are so understated and pared down. No detailed, meticulous studies have been carried out to try and ascertain who designed each ceiling. This would be a thrilling, not to say necessary, undertaking. However, we can safely say that Jujol designed many of the ceilings with the freedom Gaudí gave him. The architect Flores bears this out: "It is more than evident that many of the false ceilings at La Pedrera bear the unmistakeable imprint of the young Jujol. They are not only groundbreaking but large in scale, and often on the fringes of established guidelines."[2]

Jujol also worked on the railings of the balconies on the façades and in the courtyards. Martinell writes in 1967[3] that Gaudí supervised one balcony, the one above the gallery on the main façade, and railings. From then on, he entrusted Jujol with the rest of the railings. The fact that there are more than thirty can be explained as follows: the Badia brothers were accomplished ironsmiths and masters of their craft and had been commissioned to produce the railings at their workshop. They had been well briefed by Jujol and after he had overseen several sets of railings being made he entrusted them to make them unsupervised with just a few tweaks by Jujol or Gaudí.[4]

Along with the ceilings in the rooms, another mystery remains unsolved in the house: to distinguish the railings that are clearly by Jujol, the ones showing Gaudí's influence, and the ones made by the faithful and skilful ironsmiths.[5]

Jujol was also involved in the grilles that were placed over the windows in the semi-basement. The Arxiv Jvjol contains a photograph of a grille on the ground floor, which Jujol signed to indicate he was the designer. This ties in with the remarks he made to his children when he was looking at the grilles in situ around 1948. Gaudí designed the first grille but it was too thick and expensive to make. It was then that he suggested to Jujol that he make something simple and efficient, with strapping, a simple and malleable metal element. This explains why the grilles were attributed to Gaudí when they are undisputedly the work of Jujol.

As regards the inscriptions in the form of incisions in the stone columns in the courtyard, at the height of the first floor, and on the staircase, the style indicates they were made by Jujol. Initially all the columns were to be covered but the disagreements between the owners and Gaudí — which we touched on earlier, and led to him resigning from the project — meant the work remained unfinished. Furthermore, inside the drawing room on the first floor, we also find columns with interesting sculptural details and inscriptions that were, without doubt, designed by Jujol.

Finally, after Gaudí had abandoned the project while he was completing work on the chimneys, Jujol was left to supervise the building work on his own on Gaudí's express instructions. The work was carried out according to Gaudí's designs but, when it came to the chimneys, Jujol wanted to leave his mark and studded the tops with fragments of glass bottles, lending them a quirkiness that distinguishes them from the others.

1 Conversations with José Francisco Ràfols in 1963 and1964; and Cèsar Martinell from 1965 to 1967.

2 Flores, Carlos. *Les lliçons de Gaudí*. Barcelona: Empúries, 2002.

3 Martinell, Cèsar: GAUDÍ, Su vida, su teoria, su obra. COAC. Barcelona 1967.

4 Martinell, Cèsar, Conversations with the author in 1967 and 1968.

5 The Badia brothers, José and Luís, ironsmiths who regularly worked on Gaudí's projects.

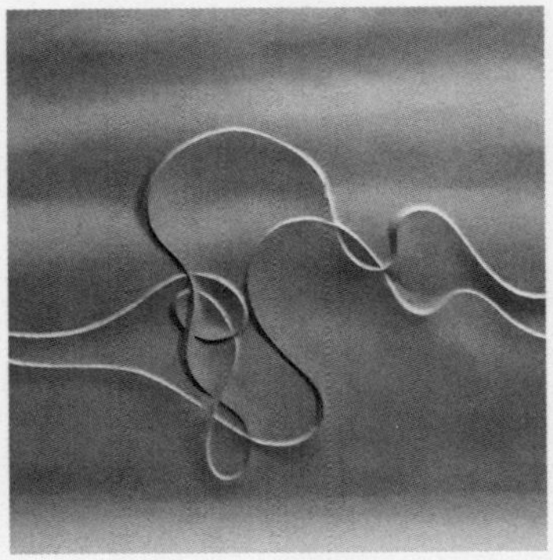

P.52

The lines and motifs on the ceilings at La Pedrera reveal Jujol's creative freedom.

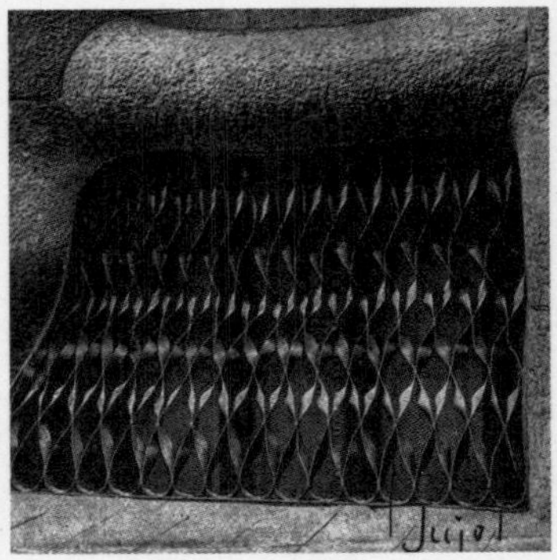

P.56

Photo signed by Jujol showing one of the grilles over the windows in the semi-basement.

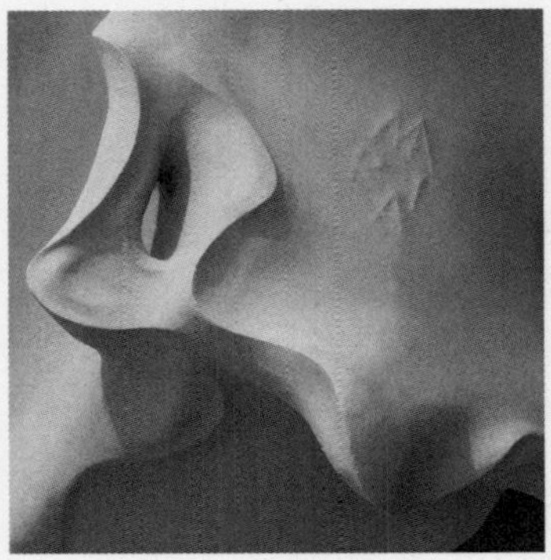

P.55

The religious beliefs of both architects are reflected in the inscriptions dedicated to the Virgin Mary ("Ave "Maria") above the lintels of the front doors of the flats on one of the floors

P.56

Right-hand page. Wrought-iron balconies on the façade overlooking Carrer Provença.

P.64

The sculpted elements on the columns on the first floor bear Jujol's unmistakeable imprint.

P.67

Screen with ten panels (1909) designed by Jujol. Photo Càtedra Gaudí.

P.68

Drawings (1909) by Jujol for the furnishings and decoration of La Pedrera. Arxiu Jujol.

P.70

Left-hand page. *Trencadís* made by Jujol from pieces of broken bottles decorating a group of chimneys.

P.59

Left-hand page. Wrought ironwork on one of the openings at the Passeig de Gràcia entrance.

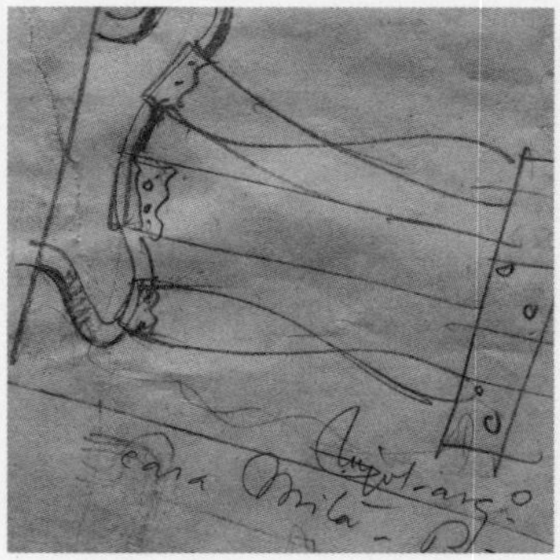

P.59

Preliminary drawing by Jujol for the grilles of the windows in the main courtyard and window with the grille fitted.

P.60

According to Cèsar Martinell, Gaudí supervised work on the first set of balcony railings (above). He entrusted Jujol with the rest.

P.71

Drawing by Jujol with the sculpture of the Virgin Mary that was to be placed above the façade. On the right, we can read, in Latin, the greeting of the angel of the Annunciation "Ave gratia plena Dominus tecum" ("Hail, Full of Grace, the Lord is with you"). Arxiu Jujol.

Park Güell

1907-1914

Jujol joined the building work at the park after the completion of the hypostyle hall, the large space with a ceiling of small domes covered in white *trencadís* mosaic, built using the timbrel-vaulting technique and underpinned by eighty-six columns. If the residential development had been a success this space was going to be used for a fortnightly market. In order to give more space to the forest of columns, Gaudí had eliminated four of them and put a series of ceiling soffits in their place.

Gaudí asked Jujol to make the ceiling of the hall particularly eye-catching. His faithful associate was given free rein by the architect and he used pieces of ceramics, glass and pottery to create an explosion of colours, including green, blue, ochre, red and many more, to fill these soffits with sun motifs with twenty rays and a mysterious ribbon in the centre.

Some of the fourteen domes around the suns were also decorated in the centre with even more daring motifs. Here, the ceramic fragments are complemented by pieces of crockery, plates, cups, little bottles and even a porcelain doll's head (broken when it was being used as a ball at a time when games were permitted inside the grounds).

The sober design of the hall is broken and brightened up by this colourful and light-filled intervention. To quote the art historian, teacher, writer and critic Alexandre Cirici Pellicer[1] "...the thousands of glass particles and iridescent ceramic roundels arranged by Jujol with such ingenuity flash like lightning."

Ràfols Fontanals expands on the theme of Jujol's boldness of colour and form when he writes: "Gaudí considered Jujol to be an absolute expert in any problems with colour and this explains why he entrusted him with all the amazing fantasies of colour at Park Güell, made with *trencadís* mosaic using broken tiles."[2]

We must remember that Jujol always said he had acted with total freedom, without any instructions or input from Gaudí. These interventions were probably carried out between 1907 and 1910.

Jujol's other important contribution to the park was the ceramic covering of the bank-cum-balustrade edging the vast plaza. Construction is thought to have begun in 1911 and completed around 1913 based on Gaudí's project. Once completed, it was covered in *trencadís* mosaic, a task Gaudí had entrusted to Jujol. He was given free rein in his designs for the outer side (balustrade) and the inner side, which was the bench proper. Jujol began working on the balustrade in 1913 and, taking into account its understated, elegant base of Doric columns, he devised an original and figurative covering that eschewed these classical elements while still having links to them, thus achieving a coherent transition between the base and the seat on the other side of the balustrade.

The western-facing side features fairly regular shapes around the drainage holes of the bench, that remind us of the acroteria in Greek temples, interspersed with original pieces that evoke the Mediterranean spirit and the sea connecting Greece and Barcelona. On the east-facing side of the same balustrade we find plant motifs and billowing ribbons that break with the regularity of the other, but are still in keeping with the base. While the outer side is a balustrade, the side facing the plaza serves as a comfortable bench designed by Gaudí who commissioned the skilled colourist Jujol to bring it to life with a *trencadís* mosaic of broken ceramic pieces.

The mosaic was made with large quantities of discarded ceramics, some of them tile manufacturers' unsold stock and others from demolition sites. There are also whole circular pieces left over from the façade of the Casa Batlló, which were undoubtedly designed by Jujol. If the builders came across a particularly eye-catching piece they brought it to the site. In fact, Jujol approved of this and encouraged them to do so because, in this way, they felt they were part of the vast mosaic and identified with the work they were building.

The half-round mouldings placed along the top of the undulating balustrade and separating the seat from the backrest of the bench on the other side were purpose-made. Before they were fired, Jujol made a series of incisions in the wet clay: a flower, words... Some are simple elements that break with the monotony of the handrail, while others are phrases dedicated to the Virgin Mary, but written disjointedly, and not in order, to make them difficult to read. The wording is Jujol's own and was done spontaneously by him at the pottery where the pieces were fired.

As Jujol's children we had been aware of these inscriptions since we were very young as our father had told us about them. However, the scholars didn't discover them until 1964, when José Gargante and Santiago Loperena, who were studying to be quantity surveyors, carried out a painstaking study of the bench. It has since been used by others as the basis for subsequent

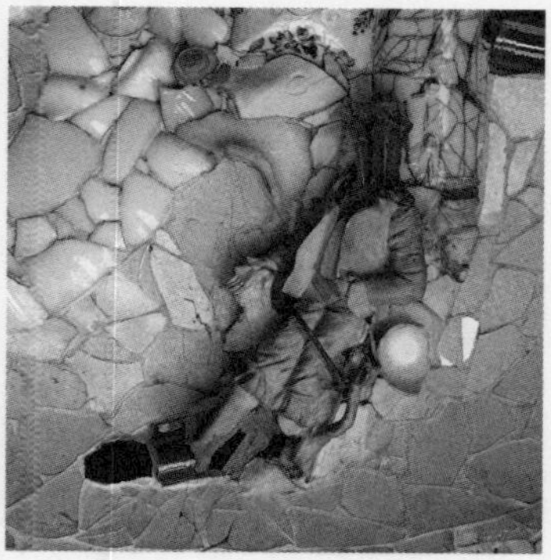

P.72

Detail of one of the domes surrounding the suns.

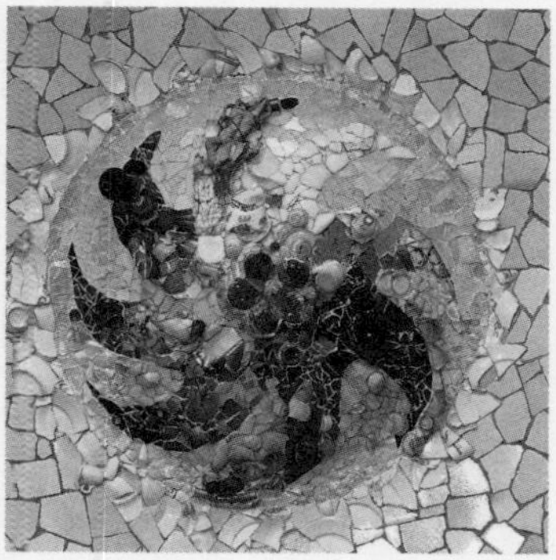

P.74

Some of the domes in the hypostyle hall were decorated by Jujol.

P.77 – P.78

The photos of the details reveal the wide variety of materials and the rich colour palette used by Jujol. The creative freedom he achieved was a forerunner of the twentieth-century avant-gardes.

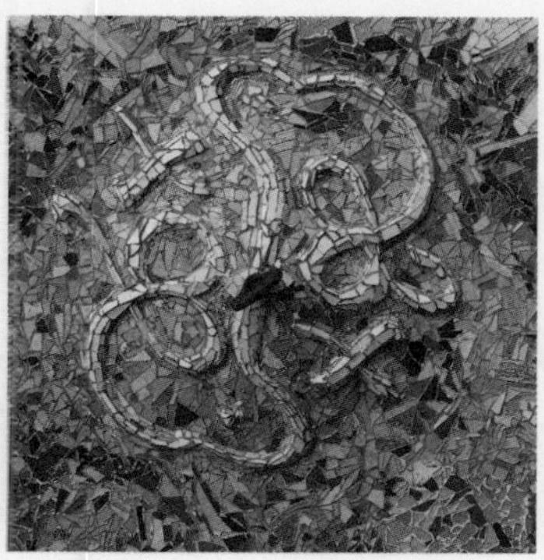

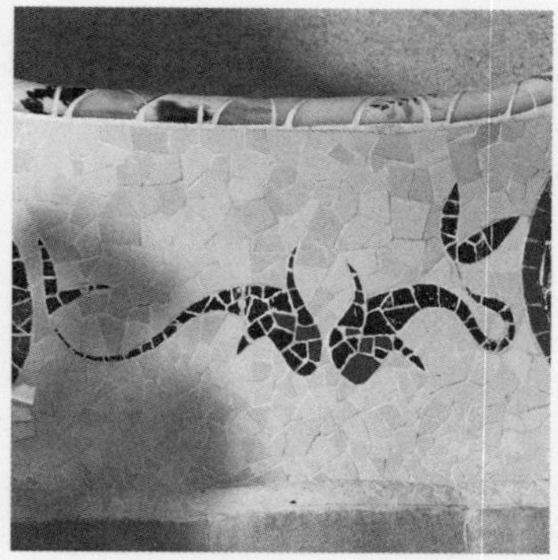

P.80

The *trencadís* shapes on the backs of the benches remind us of the acroteria found in Greek temples.

P.82

On the inner side of the bench, Jujol and Gaudí revealed the full potential of the *trencadís* technique.

P.86

The inscriptions on the half-round mouldings were made by Jujol in the wet clay before they were fired. In the photo above, the letter 'T' in the inscription "Son front" (Her forehead) is in Jujol's handwriting (see page 4).

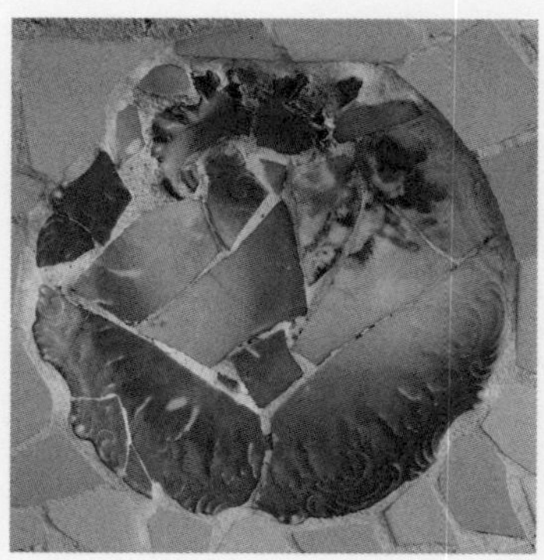

P.88

Jujol embedded the inner side of the bench with pieces of his own household crockery.

studies. Unfortunately, during the repairs carried out in 1994, pieces were replaced without preserving or reproducing the ones with inscriptions and what was intended to be a restoration ended up as a bowdlerisation.

In 1967, Juan Matamala Flotats noted down a total of eighty-one inscriptions in situ.[3] According to this scholar, the word “Maria” was repeated fifteen times; the monogram ‘M’ with the crown, six; “Amb Ella Via de Pau” (With her the way to peace), five; “Sos ulls” (Her eyes), twice; and “Dolça, Verge” (Sweet Virgin), “Angelus Domini Nuntiavit Mariae” (The angel said to Mary), “Tum Somrius” (You smile on me), “Hay Urbs antiga i (atrafegada)” (Oh, ancient and busy city) once. The last word of the latter had a chip out of it and Flotats couldn’t tell what it was.

The backrest of the bench features a wide variety of shapes and colours. Some areas are rather repetitive and would have been done when Jujol wasn’t on site by the bricklayer who decorated them at whim but with the best of intentions. When Jujol was present, the combination of colours becomes more apparent but he couldn’t be there all day directing work on the mosaic. Every morning, on site, he supervised the work and explained his intended design, giving instructions about what to do when he had to be away. Jujol gave his approval to the bricklayer’s arrangement as he had achieved the desired mix of shapes, colours and styles.

During the project, it just so happened that two blue dessert dishes decorated with cherubs were broken at Jujol’s home. The architect carefully picked up the pieces and added them to the backrest of the bench, surrounding them with white *trencadís*, thus immortalising and restoring them to their former state: the pieces intended to be discarded took on importance by being put back together and were preserved for posterity.

Jujol did the same with another plate. This time it was white and had a lattice-cut edge and when put in place was set inside bluish *trencadís*. When he was working, Jujol enjoyed himself and had fun.

1 Cirici Pellicer, Alejandro. EL ARTE MODERNISTA CATALÁN. Ed. Aymà. Barcelona 1951.

2 Ràfols Fontanals, Francesc. *Gaudí, 1850-1926*. Barcelona: Aedos, 1952.

3 The album is kept at the Gaudí Chair of the Barcelona School of Architecture at the Polytechnic University of Barcelona.

Mallorca Cathedral

1908-1914

We are not sure of the exact date when Jujol joined the cathedral restoration project. Some believe it was in 1908, whereas others can’t decide because it is extremely difficult to see all Jujol’s contributions to the island’s main place of worship. He was certainly involved in more aspects than people usually think but they are very difficult to spot. Gaudí had been commissioned by Bishop Campins to carry out the refurbishments and he came up with solutions consisting of decorative elements and liturgical objects. He encouraged Jujol to take part and he added the finishing touches. The result: a Gaudiesque object with a Jujolesque flavour. First-hand accounts tell us this is what happened.

It is hard, and risky, to determine which elements are by Gaudí and which ones are the work of his associate. However, there is one that is clearly by Jujol: the decorations of the walls of the presbytery and the choir stalls. We know this through an eye-witness account by a furious opponent of the work, who fortunately noted down the events.[1]

Jujol covered the walls, from the vaulted ceiling to the seats in the choir stalls, with olive branches forming large hexagons divided up by triangles, over which he placed the coats of arms of the bishops who had been in charge of the cathedral on Mallorca. All these elements are made of glazed ceramics, produced at the Mallorcan factory of La Roqueta. Jujol already knew about the factory from previous projects carried out with the architect Font i Gumà. It had also produced the mottled coloured discs for the façade of the Casa Batlló, left-over examples of which were used to cover the bench at Park Güell.

Jujol created the ceramic pieces himself, giving them the right shape and colours. This leads us to assume he went to La Roqueta to work on the pieces.[2] He used the olive to decorate the presbytery as it was a characteristic, and popular, tree on the island. Oil is also extracted from its fruit and is an element of religious ceremonies. It was used in the consecration of the cathedral by the bishop. The coats of arms of the bishops who are part of Mallorca’s ecclesiastical history were interpreted with absolute creative freedom by Jujol: he didn’t want to write a treatise on heraldry but to create a series of decorative elements that would be both eye-catching and, in some cases, enigmatic.

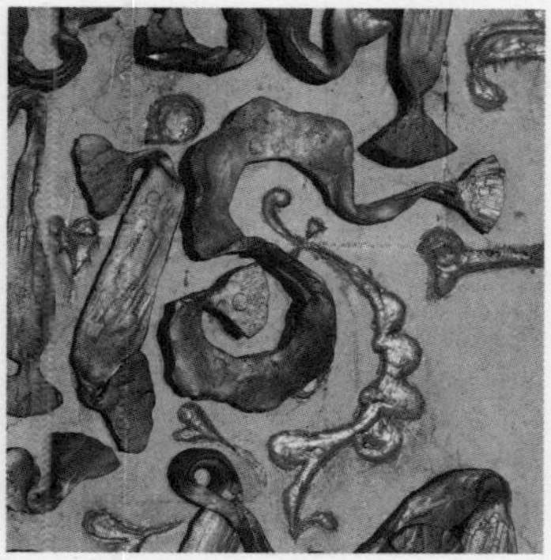

P.90

Gilded wrought iron inscriptions.

P.92

The walls in the presbytery are decorated with olive branches and have the coats of arms of the bishops of Mallorca Cathedral in the centre.

P.94

Jujol's paintings above the choir stalls were decades ahead of informalist and abstract painting.

P.96

The incisions in the lectern in the choir and the alterations made to the openings on the fronts of the side chapels reveal the unmistakeable traits of Jujol's designs.

Jujol was also involved in the painting the choir benches. In this case, his remit was to lend colour to the dark wood. If eternal glory is happiness and light, the temple was to be a preamble, an approximation, a path towards the light. This was Jujol's vision and he always expressed it this way in his religious works.

We consider the late canon Pere Joan Labrés to be the leading expert in Jujol and Gaudí's work at Mallorca Cathedral, so it is only appropriate to quote him here: "Towards the end of his involvement in the cathedral, which ceased definitively in 1914, José María Jujol painted the front of the choir stalls to add lighter tones to the dark walnut wood and gilded parts of the high-reliefs, backrests and top, as well as the right-hand door at the back. This decoration is the most disputed by some and the most appreciated by others, particularly the bright colours of the front of the backrests on the right-hand side. The iconographic programme of Jujol's paintings is based on the Passion of Christ, and passages about it, with their corresponding prophecies, are sculpted on the upper frieze. The back of the first chair, located to the right of the bishop's throne, is decorated with the trigram JHS (Jesus Saviour of Men), with a cross superimposed over the H. At the time, the words in Latin referred to the text about the Gospel of Saint Luke (22:44): Christ's sweat like drops of blood, during the prayer on the Mount of Olives, that fell to the ground, which will come back to life, like a meadow in spring. It represents the regeneration of the world through the blood of Christ. Further on, the flag of the Resurrection is unfurled, the triumph of the Lord over death marking the beginning of a new creation."[3] The exact words in Latin, in bright colours, are *Et factus est sudor eius sicut gottae sanguinis decurrentis in terram*.

The iconography was devised by Jujol, providing ample proof, as it had on other occasions, of the solid and profound Biblical grounding he had acquired from a young age.

Some of the canons neither admired nor appreciated these marvels. Here is the transcription of a text written by the canon Emilio Sagristà: "I had the opportunity to witness, from a certain distance, part of a painting session. Jujol was working on the three chairs at the rear and Mr Gaudí was standing by the seventh or eighth side chair. Jujol was applying paint using a painter and decorator's brush and it often trickled down the surface, leading him to enquire frequently: 'What do you think Mr Gaudí?' Mr Gaudí answered his questions from time to time and often exclaimed, without prompting, 'Good work, Jujol!', 'Wonderful' and other similar words of praise."[4]

With his eye-witness account, this critic of Jujol's work helps clarify Gaudí's attitude to his associate's achievements: he gave him total freedom to embellish and bring colour to his projects. Gaudí always admired Jujol's pictorial creativity and revolutionary use of colour.

The lectern in the choir stalls also features some incisions that are certainly by Jujol. Canon Llabrés states this categorically. However, the authorship of the sketch of the high altar, a drawing with energetic yet simple strokes, is more widely debated, although many scholars attribute it to Jujol.

Many scholars detect Jujol's handiwork in the way the canopy over the high altar has been constructed using materials such as cardboard, wood and nails... humble elements made to look truly superlative.[5]

Unfortunately, Gaudí and Jujol were dismissed from the project in 1914. The enthusiastic Bishop Campins no longer had the strength to oppose the canons' wishes, and he died a year later.

Jujol's painting remained unfinished: some preparatory pencil drawings are still on display by the bishop's throne . With regret and resignation, Jujol returned to the mainland. The cathedral door had closed behind him for good.

Years later, in 1921, he took a group of students from the Barcelona School of architecture on a field trip to the cathedral. I wonder what he told them about his experiences.

P.98

Above, drawings for the unfinished paintings on the back of the bishop's throne.

P.99

Right-hand page. The materials used on the canopy above the altar precede the aesthetics of *Arte Povera*.

1 Sagristá, Emilio. GAUDÍ EN LA CATEDRAL DE MALLORCA. Sociedad de Cultura, Castellón de la Plana, 1962.

2 Cantarellas, Catalina. LA ROQUETA, Conselleria d'Educació de Balears. Palma, 1985.

3 Llabrés, Pere Joan. GAUDÍ A LA CATEDRAL DE MALLORCA. Editorial Triangle. Barcelona 2005.

4 Sagristá, Emilio. GAUDÍ EN LA CATEDRAL DE MALLORCA. Sociedad de Cultura, Castellón de la Plana, 1962.

5 Conversations between the author and Dr. Perejoan Llabrés. Palma, 2000.

Other projects and collaborations

–

Visit to the Orfeó Català 1922

When maestro Lluís Millet i Pagès (1867-1941) was the director of the Orfeó Català choir, it was much valued and admired due to the quality of its performances. Music lovers attended its concerts assiduously and Jujol and Gaudí were among their number. Jujol was a frequent concert-goer and was often accompanied by his friend Pedro Mañach. This gave rise to conversations about the concerts between Gaudí and his assistants and collaborators in the studio at the Sagrada Família.

Maestro Millet was friend of Gaudí's and invited the architect to visit the choir's headquarters. The visit took place on 29th June 1922, the feast day of Saint Peter.

After the visit, Gaudí was invited to sign the Orfeó Català book of honour, but before he did so and added the words "Al Cel tots en serem d'Orfeonistes. D. de S. Pere. 1922" (in heaven we will all be members of the Orfeó. Feast Day of Saint Peter. 1922), he invited his assistant Quintana to write a gloss about the legend of Orpheus, who calmed the fury of wild beasts with the sound of his lyre, and Jujol to colour it in. Jujol also drew a cross in a prominent position, transforming a pagan legend into a Christian one.

By inviting his assistants to join in, Gaudí wanted to draw attention to a simple dedication and put them centre stage for remaining so true to his work.[1]

1. On some of his trips, Jujol carried a small metal box of watercolour paints and a tiny paintbrush (it is kept at the Arxiu Jujol).

P.101

Gaudí's signature in the Orfeó Català book of honour, with a drawing by Quintana coloured in by Jujol who also drew the cross.

Jocs Florals Barcelona, 1907

The Jocs Florals (Floral Games) were an annual poetry competition first held in Barcelona in 1859, according to a medieval idea instated by the king of the Crown of Aragon, Joan I, in 1393. It is divided into three main categories: Faith, Love and the Homeland, which were the motto of the event.

In 1907, the organisers entrusted Gaudí with the decoration of the Contracts Hall of Barcelona's medieval commodities exchange, La Llotja, where the poetry competitions were to be held. Gaudí accepted the commission, although he was immersed in work at the Colònia Güell, the Casa Milà, the Sagrada Família and Mallorca Cathedral. He took a different approach to the usual one in the distribution of the seats and devised sumptuous ornamentation as you would expect of a celebration of poetry of this kind. He entrusted his faithful assistant Canaleta[1] with the assembly, and commissioned Jujol to produce three vast canvases resembling tapestries to wrap around three of the columns. They featured allegories referring to the central themes of the competition: Faith, Love, Homeland.[2]

Articles in the newspapers of the day described the decoration but none of them cited Jujol as being one of the contributors.

In the newspaper *La Publicidad* we read, among other comments: "Three columns were covered by banners featuring the symbol of the motto of the Jocs Florals: Homeland, Faith, Love."[3]

In *La Vanguardia* we read: "The columns were covered with painted canvases resembling tapestries, with allegories of the festival."[4]

P.103

Canvases resembling tapestries that were placed around the columns in the Contracts Hall of La Llotja. Property of the Arxiu Jujol.

La Veu de Catalunya described: "Painted drapery that covered the entire pillar."[5]

In its column sending up local events, the satirical weekly *L'Esquella de la Torratxa* says: "...three of the columns wore bloomers showing their ribbons..."[6]

It would seem that the decorative ensemble and layout weren't to everybody's liking. Jujol only produced three vast canvases painted and placed around the columns. We haven't come across any remarks about Jujol's paintings, or any photographs either.

1 Canaleta Cuadres, José (1875-1950). Architect and assistant to Gaudí on some of his projects.

2 They are held at the Arxiv Jvjol. They are in a very fragile state of repair.

3 *La Publicidad*, Barcelona, 13th May 1907.

4 *La Vanguardia*, Barcelona, 13th May 1907.

5 *La Veu de Catalunya*, 13th May 1907.

6 L'Esquella de la Torratxa, 16th May 1907.

Tribute to King Jaume I 1907

Barcelona wanted to host a major event to solemnly celebrate the seven-hundredth anniversary of the birth of the great king, Jaume I, in Montpellier on 2nd February 1208.

One of the ideas to commemorate the event was to erect a monument to the monarch and several ideas and locations were mooted. The architect Puig i Cadafalch was a member of the committee and visited Gaudí to invite him to work on a design.

Gaudí didn't rule out the possibility of building a monument to the king but he thought it would be a better idea to reappraise the buildings of his time and the ones where the king had once lived. The improvements he proposed included the demolition of a series of dwellings on Carrer Tapineria, which had no architectural value, and were built against the ancient city walls, hiding them from view. One of them was a house beneath the arch underpinning the chapel of Santa Àgata, where a gate to the Roman wall, which had been bricked up and altered during the Gothic period, is thought to have stood.

Years later, after these houses had been demolished and the stretch of wall revealed, it was discovered that there had never been a gate to the Roman city beneath this great arch: it was a Gothic arch attached to a defensive wall, its only function being to underpin the royal chapel.

The only project carried out was the painting of the following inscription dictated by the poet Maragall on the stones around the arch: "Al Rei Jaume son poble MCMVIII – Relíquia i penyora de glòria" (To King Jaume his people MCMVIII – Relic and token of glory).[1]

As we mentioned earlier, the idea was Gaudí's, but he entrusted the project to Jujol. Jujol's lettering had a certain Gothic flavour and consisted of an explosion of bright, harmonious colours with the red cross of Saint George on an irregular white background with red stripes, representing blood, which merged with the yellow and orange flames emanating like bursts of light from the cross.

Beneath the top of the arch, in addition to the date, we find the crown, one of the king's attributes, and among the balconies of the house, the name of Jesus surrounded by a stylised crown of thorns, a symbol that all the king's undertakings were guided by faith in God.

This project highlights once again how much Gaudí valued Jujol; he gave him absolute freedom to show his prowess and was well aware he would acquit himself well in the task. Gaudí withdrew from the project and put Jujol centre stage, giving further proof of his intelligence and skill.

As the years went by, these magnificent letters and decorations were erased. In 1950 we remember stopping to look in detail at this stretch of wall and could still see some traces of this wonderful intervention.

1 *La Veu de Catalunya*; Barcelona, 7th July 1908. Photograph with comment, indicating it was by Jujol.

P.105

Gaudí entrusted Jujol with painting the inscription dictated by the poet Joan Maragall on the stones flanking the great medieval arch above Barcelona's Roman walls. Arxiu Jujol.

The streetlamps in Vic 1910

The city of Vic wanted to mark the centenary of its illustrious son, the philosopher Jaume Balmes, with a solemn ceremony and to leave a permanent reminder of the event in the form of a monolith or small monument.

The festival committee asked Gaudí what could be done. After visiting Balmes' regular haunts and coming to the vast main square, he came up with the idea of creating a series of streetlamps that would form a kind of entrance to the space, which was the focus of the city's social and commercial life.

The architect José Canaleta Quadras, who had assisted Gaudí at the Colònia Güell, was put in charge of the project following the architect's design.

The solemn ceremony was fast approaching and the project had to be completed with some urgency. This is how the decoration was described by the journalist, Luís B. Nadal, who had been assigned to report on the centenary celebrations for the local magazine *Gazeta Montañesa*: "The rush to complete the project was most apparent in the construction of the obelisk-cum-streetlamp at the entrance to the square. Gaudí's idea had prevailed and was put into practice by Mr Canaleta, ably assisted by the invaluable cooperation of Luís Ylla Esq. and the artistic talent of our skilful locksmiths, Juan Colomer and Ramón Collell, who worked day and night to ensure the work was ready by the early morning of 7th, the day this unique and curious work was to be dedicated. Among the countless preparations taking place in the streets there was none that stirred up the curiosity of the public so strongly. One of Gaudí's most noteworthy followers, the architect Jujol, was commissioned to paint this gigantic iron structure with great haste according to the canons of Gaudí's art. Jujol is already known for his projects which eclipse those of the master due to their originality. (...) The official committee ended the festival ceremonies with the dedication of the obelisk-cum-streetlamps that had only just been finished and on which Jujol's freshly applied paint had yet to dry."

According to the writer José María Pericas, speaking in 1951, in the early morning of 7th September, Jujol climbed up the scaffolding around the streetlamps to bring the ironwork to life with his energetic brushstrokes, where gold, red and green were the predominant tones.

The young architect had just finished painting. Surrounded by curious onlookers, he took no notice of their comments, which ranged from praise and surprise to negative remarks. However, the latter didn't refer to the paintwork but to the bulky iron structures and their distinctive pedestals. The local residents were soon spilt into proponents and detractors of this original work.

The monuments were removed in 1924, although many people wanted them to be put back. According to the Vic-born architect, Pericas Morros, they were demolished because people didn't like them and, after just fourteen years in place, they were in a poor state of repair, meaning that, in the event of a gale, the huge mass of iron could have toppled over.

P.106

Jujol had only just finished painting the streetlamps red, green and gold in the early hours of the day of the dedication ceremony.

Crypt of the Colònia Güell 1898-1914

We don't know if Jujol was involved in this project but we know he visited the building site. This isn't surprising as he was working with Gaudí during this period.

Nevertheless, we know that Jujol was employed by the architect Amadeu Llopart to work on the crypt from 1943 until 1948.

In recent times, a number of experts have noted stylistic differences in the placement of the *trencadís* mosaics in some areas around the windows and attributed them to Jujol. They also believe he designed the benches, although this assertion has caused some controversy among the experts.

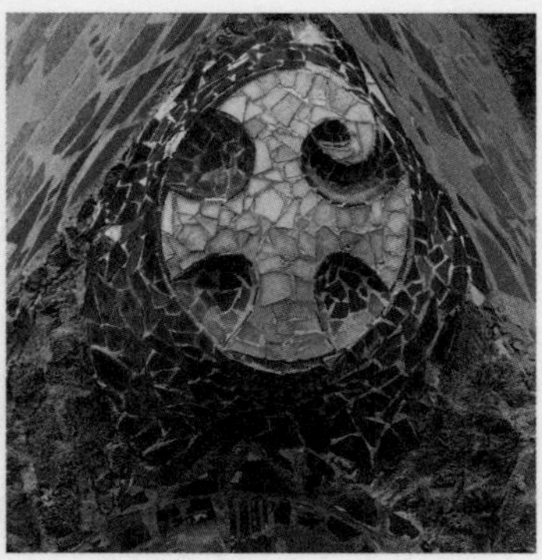

P.108

Some authors currently attribute to Jujol the design of the *trencadís* around some of the windows inside the crypt.

The Bellesguard path 1908

Gaudí was very busy working on the Casa Milà and we know he delegated the task of overseeing this project to Jujol, entrusting him with checking that the actual work carried out matched his design. Rubió had initially been responsible for supervising the work on site but he was now working on the renovation of Mallorca Cathedral.

The rerouting and improvements to the path leading from Bellesguard to the cemetery of Sant Gervasi were made near the Betlem torrent. The path was underpinned by a series of squat arches supported by sloping columns. The work was carried out in 1908, although the project and the initial idea preceded this date.

P.109

Drawing by Jujol of the viaduct underpinning the Bellesguard path. Arxiu Jujol.

Conclusion

Gaudí's works require painstaking and rigorous study in order to reveal the elements added by Jujol at Gaudí's behest.

The great architect was a keen nature spotter with an enthusiasm for geometry. In 1904 or 1905, he discovered a creative, daring young man with a bold sense of colour. He made him part of his team with the conviction that he was the right person to make his designs more eye-catching.

Jujol felt Gaudí understood his artistic ideas and would always defend them. With Jujol's ideas Gaudí felt emboldened and braver. We only have to look at Gaudí's buildings before and after 1904 to see the changes.

According to Carlos Flores, the great researcher into Gaudí's work: "Jujol's presence at Gaudí's side served as a catalyst that led to a crisis in his ideas and beliefs, and prompted him to rethink his approach. (...) Jujol's involvement culminated in the inclusion of components in Gaudí's work that had hitherto been absent from his work and, according to first-hand accounts, the maestro accepted and admired them, and even welcomed some of them with enthusiasm."[1]

We should remember the pertinent remarks by Masayuki Irie, the architect and lecturer at Waseda University in Tokyo, which state that "Jujol brings life and colour to Gaudí's work." [2] Bassegoda had already made a similar assertion: "Gaudí appreciated and admired Jujol's skilful drawing and mastery of colour and this explains why he commissioned him to work on some of his projects characterised by their abundance of colour."[3]

A number of observers and scholars have stated that the Gaudí the public admire is Gaudí with Jujol. One of the world's most prominent, George Collins, wonders: "Were Gaudí's prestigious assistants influenced by him, or did they suggest certain elements that brought him fame? What role did Jujol play?"[4]

It is far from our intention to undervalue Gaudí, but we want to give each person his due. Gaudí is a great architect who cannot be bettered; Jujol is the perfect complement to his work and his most accomplished follower: "Jujol is the most faithful of the followers of the great Gaudí and the one he worked with the most, and everybody knows it"[5]; "Jujol, he is the greatest follower of the great master Gaudí, and worthy of the master"[6]; "He was Gaudí's loyal collaborator. The others only came to fulfil that role by chance. (...) Jujol's art is his own. Gaudí picks up Jujol's ideas but Jujol doesn't want to overshadow Gaudí."[7]

Gaudí showed his intelligence by surrounding himself with professionals who complemented his ideas, thereby achieving a complete work that was magnificent and perfect. Jujol was his most creative and daring collaborator. He needed no instructions from the maestro and saw, instead, the necessary complement that would bring Gaudí satisfaction and make him happy.

This is what we have seen throughout all his works we have studied.

---

1 Flores López, Carlos. Les lliçons de Gaudí. Barcelona: Empúries, 2002.

2 Masayuki Irie, architect, lecturer.

3 Bassegoda Nonell, Juan. Interview in the Diario de Tarragona. 23rd November 1980.

4 George Collins. Foreword in Gaudí-Jujol y el Modernismo catalán. Madrid: Aguilar, 1982.

5 Elias Bracons, Feliu. "Les exposiciones d'art", in *La Veu de Catalunya*, 6th April 1926.

6 Folch i Torres, Joaquim. "L'Exposició d'art litúrgic", in *Gaseta de les Arts*, 1st January 1926.

7 Llopart Vilalta, Amadeu. Conversation with the author in 1965.

Jujol, architect, designer, sculptor...

—

A selection of his works.

Teatro Metropol
1908

The theatre is in Tarragona and was commissioned by the workers' association, the Patronat Obrer. It has an irregular floor plan concealed by the skilful distribution of the two amphitheatres. The glass wall at the side leads to the garden giving a sense of space. The building features motifs inspired by the sea and sailing and is a unique example of theatre architecture.

Seal box and press
1908

Jujol designed the box for Bishop Ramon Barberà i Boada, who was born in Alcover, a town in the Camp de Tarragona. Alcover's parish church was consecrated by the bishop on 26th April 1908. Jujol also designed the decorative elements inside the church and some of the street furniture.

Torre Sansalvador
1909

This villa, in the Barcelona neighbourhood of El Coll, is known for its eye-catching exterior walls: the one overlooking the street has stunning sgraffito work and the one at the rear has iron gates bearing Jujol's distinctive imprint. Also worthy of mention are the gate to the estate and the coach house with its zig-zag outline. The house remained unfinished.

"Casa de Familia" bottle

1911

This is a spectacular design – which is still sold at some of Barcelona's leading specialist shops – when we bear in mind that it is a simple water bottle. It was designed for the dining rooms at the Casa de Familia de Mossén Pedragosa, one of Barcelona's most valued, and humane, rehabilitation centres for young people at the beginning of the 20th century. The centre was a type of orphanage operating on an open regime, where the inmates could learn a trade.

Torre de la Creu

1913-1916

This villa in Sant Joan Despí (Barcelona) originally comprised two newly built semi-detached dwellings that were used as a summer holiday home by its owners. It is made up of five cylinders of different diameters and heights. The most eye-catching feature, however, is the roof with its iconic domes and expressive chimneys clad in trencadís mosaic. It is currently owned by the local council.

Lift in the Casa Iglesias

1913

The Casa Iglesias (Barcelona) was built by Antoni Millàs in 1899. Some years later, its owner commissioned Jujol to design the lift. He succeeded in adding wrought ironwork and woodwork to what was considered a high-tech element at the time, and attained sublime levels of naturalism and expressiveness. There is a gap between the glass panels and the vaulted ceiling allowing efficient ventilation and making this the first panoramic lift in Barcelona. It was built by the manufacturer Cardellach and is still in perfect working order more than a century later.

Casa Bofarull

1914-1931

Renovation of a 14th-century house with 17th-century additions located in Els Pallaresos (Tarragona). Jujol designed a superb façade with a spectacular gallery decorated with distinctive painted motifs. He also transformed the staircase that leads to an open-sided tower with a statue of the guardian angel on the top, who keeps watch while acting as a weathervane.

"Radial" water well

1915

A radioactive water well was discovered during building work on the Torre Sansalvador (Barcelona). At the time, people believed this type of water had medicinal properties and a company, known as "Radial", was set up to market and sell the product. The company commissioned Jujol to design a mine building that would allow access to the well, protect the workers from the elements, and include spaces for storing and disinfecting bottles. To underpin the structure, Jujol devised a series of brick arches and struts, adding stones at random to create highly beautiful shapes and transforming a simple mine into a work of art.

Can Negre

1915-1926

This commission involved the refurbishment of a 17th-century farmhouse in Sant Joan Despí (Barcelona). Jujol's most important interventions were the stairwell and, in particular, the façade with its decorations combining sgraffito work, *trencadís* mosaic, wood and iron. The main gallery is unusually shaped like a carriage. The chapel is another outstanding feature. The building is currently owned by the local council and home to the Centre Jujol - Can Negre.

Talleres Mañach

1916-1918

This industrial unit was newly built and stands inside the interior courtyard of a block of flats in Barcelona. Jujol received the commission from the owner of the Mañach shop. Jujol designed light shafts in the form of gigantic diving helmets to allow light into the offices below. Together with the brick buttresses, they make up a truly unusual roof space.

Church of the Sagrat Cor

1918-1924

Located in Vistabella (Tarragona). The structure and layout of the church broke new ground, moving away from the style in vogue at the time. Jujol created a new type of place of worship where the main elements – the naves, dome, bell tower, spire – are indivisible and form a whole. The pared-down naturalism of the exterior contrasts with the decoration of the interior. Jujol's skill as an architect and artist is shown to its best effect in this building.

ug from Casa Andreu
922

he way Jujol used and adapted iscarded objects was simply breath-aking. Two old drinking vessels, joined t the base and connected by delicate rough: ironwork, are transformed into n extraordinary jug. Jujol undertook najor refurbishments and improve-nents to the mansion, Casa Andreu, in ls Pallaresos (Tarragona). The façade, vith its ornate double door, is one of the nost eye-catching features.

Casa Planells
1923

This was a newly built residential block situated on the junction of the Avinguda Diagonal and Carrer Sicília in Barcelona's Eixample district. This beautiful building is far removed from the Modernista aesthetic and has curious parallels with expressionist architecture. Some authors have seen the shape of a flag battered by the wind on the façade, just as they have seen the form of a boat battered by the waves on the front of the Teatro Metropol in Tarragona.

Chapel of El Roser
1925-1927

Although Jujol had few material resources available for his refurbishment of the chapel of El Roser (Vallmoll, Tarragona), he carried out some extraordinary work, particularly in the flooring, which combined pieces of marble with Portland cement. The motifs engraved into the marble and cement provide ample proof of Jujol's mastery of geometry, colour and design when using both fine and humble materials.

Fountain at the sanctuary of Loreto 1926

From 1924 onwards, Jujol worked for a few years as a sculpture teacher at Barcelona's technical college, the Escola de Treball. The top of the fountain at the sanctuary of Loreto in the town of Bràfim (Tarragona) exemplifies the way the artist viewed this discipline.

Sanctuary of Montserrat

1926-1935

The sanctuary stands in the town of Montferri (Tarragona) and is dedicated to the Virgin of Montserrat. The building is a typical example of Jujol's work, although he didn't live to see it completed. Building work came to a halt due to a lack of funds and the outbreak of the Spanish Civil War and the sanctuary wasn't dedicated until 1999. Jujol was at the height of his profession when he designed the building and shows the full gamut of his architectural knowledge and religious sensibilities. The structure is underpinned by a hundred and twenty catenary arches and is shaped like a boat facing Montserrat. Jujol used blocks of cement, sand and charcoal made on site by the locals. He designed a central spire surmounted by a cross and surrounded by several domes of different shapes and sizes made to resemble the craggy outline of Montserrat.

Fountain in Plaça d'Espanya

1928-1929

This is the commemorative fountain built for the 1929 Barcelona International Exhibition. It stands in the middle of Plaça d'Espanya, right by the entrance to the exhibition grounds. The project was put out to tender and Jujol won the bid, although he had little time to design and complete the fountain. Stylistically, the monument has markedly baroque and classical overtones, although many of the details, which were freely interpreted by Jujol, give it a special and unique appeal.

Church of Sant Salvador

1947

Jujol worked on a number of projects in the grounds of the church of Sant Salvador in the town of Els Pallaresos (Tarragona). These included a wrought iron plinth designed to hold the image of Saint Anthony of Padua and a set of candlesticks in the same metal. They are redolent of Jujol's trademark style and, reveal, once again, his mastery of ironwork.

Mas Carreras

1941-1946

After undertaking the ground-breaking architectural transformation of the chapel of Mas Carreras, in Roda de Berà (Tarragona), Jujol painted a series of striking murals in bold colours (1945). The house, along with Jujol's important contributions, was demolished in 1988

CHRONOLOGY

1852	Birth of Antoni Gaudí i Cornet.
1873	Gaudí enters the Barcelona School of Architecture.
1877	He works with the architect Francisco Villar.
1882	He works with José Font Seré.
1878	Gaudí qualifies as an architect.
1878	Streetlamps in Plaça Reial, Barcelona.
1878 1880	Casa Manuel Vicens, Gràcia.
1878 1882	La Obrera Mataronense factory, Mataró.
1879	Farmacia Gibert, Barcelona.
1879 1881	Altar and mosaic, Colegio Jesús María, Barcelona.
1879	Birth of José María Jujol in Tarragona.
1880	Streetlighting project for the sea wall promenade, the Muralla de Mar, Barcelona.
1880 1882	Altar and stalls, chapel of Jesús María, Tarragona.
1883 1885	Casa Máximo Díaz de Quijano "El Capricho", Comillas (Santander).
1884	Church of the Sagrada Família, crypt (begun by Villar).
1885 1889	Casa Güell, Barcelona.
1887	Finca Güell, gates and gatehouses. Les Corts, Barcelona.
1887 1895	Episcopal Palace of Astorga (Leon).
1888	The Jujol family move to the village of Gràcia.
1889 1894	Colegio Santa Teresa, Bonanova, Barcelona.
1891	Jujol starts secondary school.
1891 1893	Apse of the church of the Sagrada Família, Barcelona.
1891	Start of the Nativity façade at the church.
1892 1894	Casa Fernández Andrés, "Casa Botines" Leon.
1893	The Jujol family moves to Barcelona.
1896	Jujol enters the Faculty of Exact Sciences.
1898 1904	Casa Pedro Calvet, Barcelona.
1898 1914	Church of the Colònia Güell.
1898	Jujol enters the Barcelona School of Architecture.
1900 1902	Casa Jaime Figueras, "Bellesguard", Barcelona.
1900	Work begins on Park Güell, Barcelona.
1902	Entrance and wall, Finca Miralles, Barcelona.
1904	First Mystery of Glory, Montserrat.
1904	Hermanos Badía workshop. Barcelona.
1904	Start of renovations, Mallorca Cathedral.
1905	Start of renovations, Casa Batlló, Barcelona.
1905	**Jujol begins working with Gaudí**
1905 1906	Work continues on Casa Batlló, Barcelona.
1905 1914	Restoration of Mallorca Cathedral.
1905 1910	Casa Milà, Barcelona.
1906	Jujol qualifies as an architect.
1906	Gaudí moves to Park Güell.
1907	Decoration of the hall for the Jocs Florals, Barcelona.
1908	Tribute to King Jaume I, Barcelona.
1908	Bellesguard viaduct, Barcelona.
1909	Schools of the Sagrada Família, Barcelona.
1910	Commemorative streetlamps, Vic.
1910	Exhibition at the Société Nationale des Beaux-Arts, Paris.
1911	Gaudí is taken ill and travels to Puigcerdà.
1926	Completion of the Saint Barnabas bell tower at the Sagrada Família.
1926	Death of Gaudí.

Chronology based on the one compiled by Ràfols Fontanals in 1952 and completed by the author.

BIBLIOGRAPHY

AA.VV. *L'Art Català Contemporani*. Proa-Aymà. Barcelona, 1972.

AA.VV. *L'Ateneu i Barcelona.* RBA Libros. Barcelona, 2006.

Bassegoda Nonell, Juan. *El Gran Gaudí.* Ausa Editor. Sabadell, 1989.

Bassegoda Nonell, Juan. *Gaudí, espacio, luz y equilibrio.* Criterio Libros. Madrid, 2002.

Bassegoda Nonell, Joan. *Josep Bayó Font, contractista de Gaudí.* Edicions UPC. Barcelona, 2002.

Cantarellas Camps, Catalina. *La renovación de la industria cerámica en Mallorca*: La Roqueta. Conselleria de Cultura. Palma, 1985.

Cirici Pellicer, Alexandre. *El Arte Modernista Catalán*. Aymà. Barcelona, 1951.

Descharnes, Robert. *La visió artística i religiosa d'en Gaudí.* Aymà. Barcelona, 1969.

Jujol, Josep Maria junior. *Jujol un artista completo.* COAC. Barcelona, 1974.

Jujol, Josep Maria junior. *Jujol-Gaudí, Gaudí-Jujol.* Revista Rivorubeo. Riudoms ,2002.

Llabrés, Pere-Joan. *Gaudí a la Catedral de Mallorca.* Triangle. Barcelona, 2005.

Llinàs José. *Josep M. Jujol.* Taschen. Cologne, 1996.

Martinell, Cèsar. *Gaudí, su vida, su teoría, su obra.* COAC. Barcelona, 1967.

Maspoc, Mònica. *Galeria d'autors (Ruta del Modernisme).* Aj. Barcelona, 2008.

Pujols, Francesc. *La visió artística i religiosa d'En Gaudí.* Quaderns Crema. Barcelona, 1996.

Ràfols Fontanals, Francesc. *Gaudí 1852-1926.* Aedos. Barcelona, 1952.

Sagristà, Emilio. *Gaudí en la Catedral de Mallorca.* Sociedad Castellonense de Cultura. 1962.

Solà-Morales, Ignasi de. *Jujol.* La Polígrafa. Barcelona, 1990.

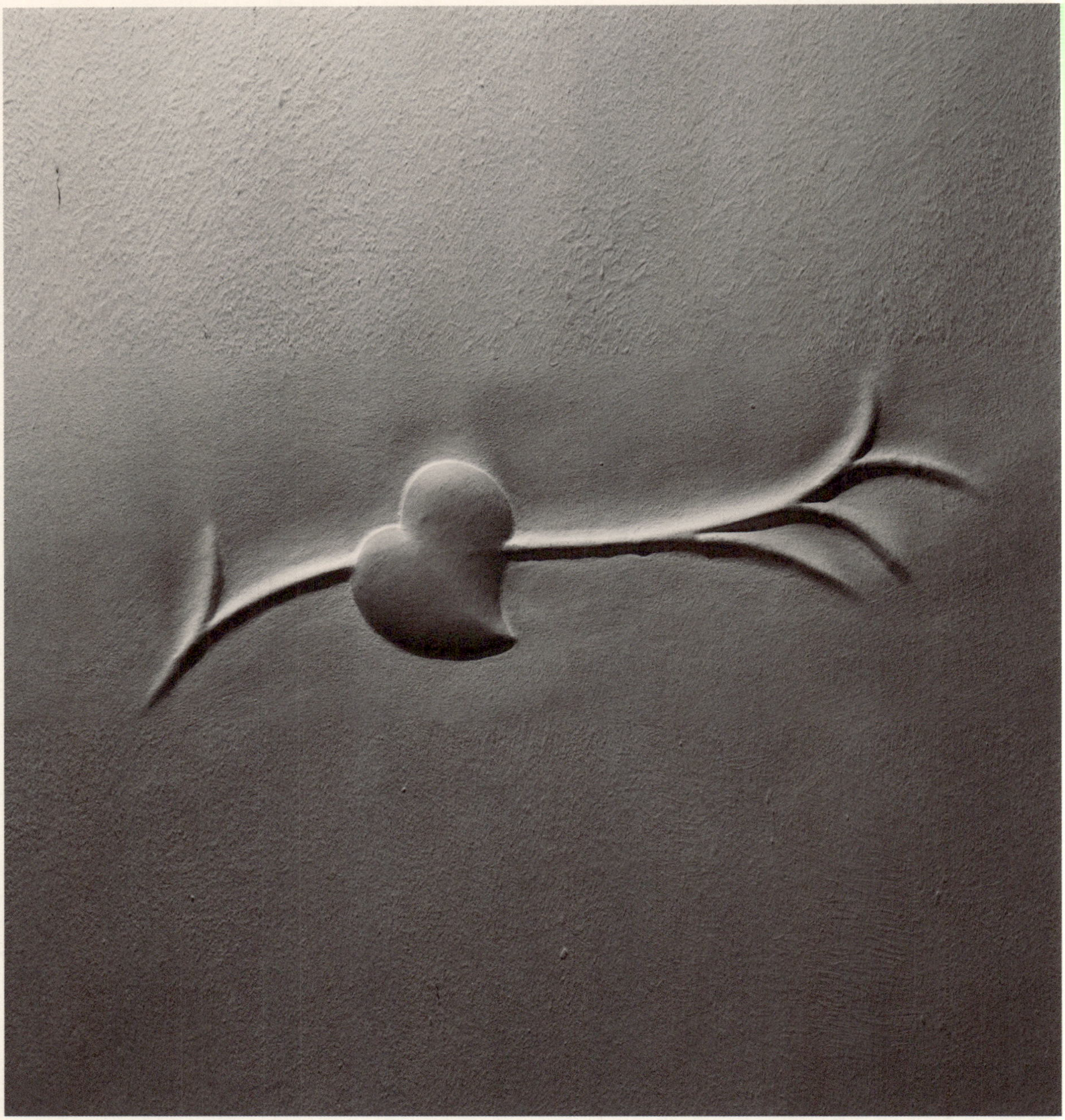